韻山漢詩
乙酉集

韻山漢詩
乙酉集

초판 인쇄 2024년 11월 22일
초판 발행 2024년 11월 29일

지 은 이	이영주
펴 낸 이	이대현
편　　 집	이태곤·권분옥·임애정·강윤경
디 자 인	안혜진·최선주·강보민
마 케 팅	박태훈
펴 낸 곳	도서출판 역락
주　　 소	서울시 서초구 동광로 46길 6-6(반포4동 문창빌딩 2F)
전　　 화	02-3409-2060(편집부), 2058(영업부)
팩　　 스	02-3409-2059
등　　 록	1999년 4월 19일 제303-2002-000014호
이 메 일	youkrack@hanmail.net
홈페이지	www.youkrackbooks.com
I S B N	979-11-6742-883-7 03810

＊ 사전 동의 없는 무단 전재 및 복제를 금합니다.
＊ 파본은 구입처에서 교환해 드립니다.
＊ 책값은 뒤표지에 있습니다.

韻山漢詩

乙酉集

이영주

역락

序

庸素何堪作
妄爲聊以娛
旣於心事悱
況且物情摹
自賞如珍帚
人嗤曰濫竽
都無入時好
贋古向誰沽

요즈음 한시를 즐겨 읽는 사람이 별로 없다. 한시는 이미 고물이 된 셈이다. 게다가 이 시집에 내놓은 게 흉내나 낸 수준이니 누가 읽어줄까?
'珍帚(진추)'는 '폐추자진敝帚自珍' 즉 자기 집의 다 닳은 빗자루를 보배처럼 여긴다는 뜻이다.
'濫竽(남우)'는 '남우충수濫竽充數' 즉 피리를 불 줄도 모르면서 악대樂隊의 일원으로 자리를 차지한다는 뜻이다.

서시

용렬한 재주로
어찌 시 짓는 일을 감당하랴만
망령된 짓 하는 것은
애오라지 즐기고 싶어서라

내 심사도
제대로 표현하지 못하니
물정을 그려내는 일
오죽하랴

나 자신은
몽당비를 보배인 양 즐기지만
남들은 모두
불 줄도 모르는 피리를 분다고 비웃겠지

요즘 사람 기호에 맞는 데가
전혀 없으니
이 가짜 골동품을
누구에게 팔겠는가

目次

4	序	
	서시	
16	首春雅會	
	초봄의 글 모임	
18	興湖懷古	
	홍호에서 옛일을 회상하다	
20	彈琴臺懷古	
	탄금대에서 옛일을 회상하다	
22	彈琴臺雜詠	
	탄금대 잡영	
24	聞川步賃居榮州田家有作	
	천보가 영주의 시골집을 세내어 산다는 말을 듣고서 짓다	
26	二韻代號說贈山靜	
	두 운으로 호설을 대신하여 산정에게 주다	
28	春夜聞雷	
	봄밤에 천둥소리를 듣다	
30	汝矣島賞櫻	
	여의도 벚꽃놀이	
32	春風	
	봄바람	
34	柳	
	버드나무	
36	春曉	
	봄날 아침	
38	遊靑鶴洞記	
	청학동 유람기	

44　春日嘆
　　봄날의 한탄

46　吳修士親作黙珠見惠
　　오 수사께서 손수 묵주를 만들어 선물로 주시다

48　細雨
　　가랑비

50　春田白鷺二首 其一
　　봄 논의 백로 제1수

52　春田白鷺二首 其二
　　봄 논의 백로 제2수

54　環碧堂有感
　　환벽당에서

57　息影亭
　　식영정

60　瀟灑園
　　소쇄원

62　野景
　　들판의 풍경

64　砂上花
　　모래에 핀 꽃

66　竹林
　　대숲

68　唐津買地
　　당진에 땅을 사다

70　又作四韻
　　다시 율시를 짓다

72 　唐津望夕陽
　　　당진에서 석양을 바라보다

74 　初夏卽事
　　　초여름 날에

76 　次韻又作
　　　차운하여 다시 짓다

78 　校庭小竹
　　　교정의 작은 대나무

80 　醉雨
　　　비에 취하다

84 　夏山閑吟
　　　여름 산에서 한가로이 읊다

86 　風吹我
　　　바람이 나를 날려보내다

89 　偶吟
　　　우연히 읊다

92 　學生送酒戲作謝之
　　　학생이 술을 보내왔기에 장난삼아 지어서 감사의 뜻을 전하다

94 　何不止酒二首 其一
　　　어째서 술을 끊지 못하나 제1수

96 　何不止酒二首 其二
　　　어째서 술을 끊지 못하나 제2수

98 　餞夏
　　　여름을 전별하다

100 　偶吟
　　　우연히 읊다

102 題蓮城居
　　연성 집에 제하다

104 雜詩
　　잡시

106 劍巖
　　관악산 칼바위

110 鼓浪嶼
　　고랑서

112 登天遊峯
　　천유봉에 오르다

114 次九曲歌韻 其一
　　무이구곡가에 차운하다 제1수

116 [原韻]
　　[원운]

118 次九曲歌韻 其二
　　무이구곡가에 차운하다 제2수

120 [原韻]
　　[원운]

122 次九曲歌韻 其三
　　무이구곡가에 차운하다 제3수

124 [原韻]
　　[원운]

126 次九曲歌韻 其四
　　무이구곡가에 차운하다 제4수

128 [原韻]
　　[원운]

130 次九曲歌韻 其五
    무이구곡가에 차운하다 제5수

132 [原韻]
    [원운]

134 次九曲歌韻 其六
    무이구곡가에 차운하다 제6수

136 [原韻]
    [원운]

138 次九曲歌韻 其七
    무이구곡가에 차운하다 제7수

140 [原韻]
    [원운]

142 次九曲歌韻 其八
    무이구곡가에 차운하다 제8수

144 [原韻]
    [원운]

146 次九曲歌韻 其九
    무이구곡가에 차운하다 제9수

148 [原韻]
    [원운]

150 次九曲歌韻 其十
    무이구곡가에 차운하다 제10수

152 [原韻]
    [원운]

154 八月十五日夜
    팔월 십오일 밤

156 戲答鴻山
　　장난삼아 홍산에게 답하다

158 [原韻] 戲贈韻山芸庭兩人兼示諸益
　　[원운] 운산과 운정 두 사람에게 장난삼아 지어서 주고 아울러 이 시를 여러 벗에게 보이다

160 午後鴻山以電話請登冠岳時予昧然不知今日是何日登高坐定後鴻山取出酒瓶於書囊曰又持帽子來可以效孟嘉事共飮而談古士風流不覺月掛天空
　　오후에 홍산이 전화하여 관악산에 오르자고 하였다 당시 나는 오늘이 무슨 날인지 전혀 모르고 있었다 높은 곳에 올라 좌정한 후 홍산이 책가방에서 술병을 꺼내면서 말하기를 모자도 가져왔으니 맹가의 일을 따라 할 수 있을 것이라고 하였다 함께 술을 마시면서 옛 선비의 풍류를 이야기하다 보니 하늘에 달이 걸려 있는지도 알지 못했다

163 十日又作寄鴻山
　　열흘날에 다시 지어 홍산에게 부치다

166 醉看山楓
　　술에 취한 채 산의 단풍을 보다

168 題玄巖精舍
　　현암정사에 제하다

171 玄巖精舍雅集
　　현암정사에서의 모임

173 玄巖精舍雅集詩軸贈東洋大理事長玄巖公
　　현암정사에서의 모임을 읊은 시축을 동양대 이사장인 현암공께 드리다

176 [川步韻]
178 [葛山韻]
180 [小南韻]
182 [鴻山韻]
184 [芸庭韻]

186 卯酒
    아침 술

188 秋日遊平昌方亞藥泉遇逢早雪
    가을날 평창의 방아다리 약수터에 놀러 갔다가 우연히 이른 눈을 만나다

190 方亞藥泉卽事
    방아다리 약수터에서 즉흥으로 짓다

192 可山古宅有感
    가산 고택에서의 감회

194 半夜欲飮近處無酒侶請川步鴻山用電話共談笑而各在其所飮杯酒兩友欣然受諾
    한밤중에 술을 마시고 싶었으나 근처에 술벗이 없어 천보와 홍산에게 전화를 통해 담소를 함께 하되 각자 있는 곳에서 술을 마시자고 청하니 두 벗이 흔쾌히 수락하였다

196 述懷示葛山
    감회를 말하여 갈산에게 보이다

202 病中吸煙
    병중의 흡연

204 自嘆
    스스로 한탄하다

207 病中與友大醉放歌
    병중에 벗과 대취하여 크게 노래하다

210 翌日發耳病又飮酒
    이튿날 귓병이 나서 다시 술을 마시다

212 雜詩
    즉흥으로 짓다

214 自遣
    스스로 위로하다

216 岩上松
　　바위 위의 소나무

218 寄濟州梁敎授
　　제주의 양 교수에게 부치다

220 寄濟州曺敎授
　　제주의 조 교수에게 부치다

222 止煙旬日又吸
　　열흘 남짓 금연했다가 다시 피우다

224 題昔谷書庵
　　석곡서암에 제하다

226 贈昔谷
　　석곡에게 드리다

228 寄裕岡
　　유강에게 부치다

230 芸庭嘆終日苦吟不成句故作藝語寬之
　　운정이 종일토록 애써 시를 지었으나 시구를 완성하지 못했다고 탄식하기에
　　일부러 외설스러운 말을 지어 그를 편안케 해주다

232 敗荷田
　　시든 연밭

234 冬日冠岳山偶吟
　　겨울날 관악산에서 우연히 읊다

236 冬日始興野卽景二首 其一
　　겨울날 시흥 들의 풍경 제1수

238 冬日始興野卽景二首 其二
　　겨울날 시흥 들의 풍경 제2수

240 冬日校庭偶吟
　　겨울날 교정에서 우연히 읊다

242 冬日荷田
    겨울날 연밭

244 送年雅會
    송년 모임

246 守歲作
    섣달 그믐밤을 지키며 짓다

韻山漢詩 ≪乙酉集≫을 읽고 / 249

首春雅會

屠蘇剩得甕香新
自侑詩心遐俗塵
四韻爭吟言志篤
幾盃巡飲抒情親
習風吹使生成再
蕃衍享由祁雨頻
行樂及時能却老
相邀長作伴春人

초봄의 글 모임

도소주 항아리에
남아 있는 새 술 향기가
시심詩心을 도와주니
속기가 멀어진다

네 운韻을 다투어 읊으며
도타운 뜻을 말하고
몇 잔 술 돌려 마시며
친근한 정을 토로한다

따뜻한 바람이 불어
만물을 다시 자라나게 하고
땅을 적시는 비 자주 내려
초목은 번성하는 은택 누리는구나

때를 맞추어 즐기면
우리도 늙음을 물리칠 수 있으리니
서로 함께 모여서
봄을 짝하는 사람으로 오래오래 살아야지

도소주는 설날에 마시는 약주이다.
경련은 착종대錯綜對이다.

興湖懷古

市井興衰何以殊
營生聚散在行途
前朝船渡滿商旅
今日沙洲唯荻蘆
方軌多輪馳野闊
合流二水繞山孤
荒涼舊事無來問
見客雀驚相告呼

* 興湖在南漢蟾二江合流處高麗朝鮮皆置漕倉焉今隷原州市(흥호는 남한강과 섬강 두 강이 합류하는 곳에 있는데, 고려와 조선시대에 모두 그곳에 조창을 두었다. 지금은 원주시에 속한다.)

교통이 좋아 왕래하는 사람이 많은 곳은 번성하고 그렇지 못한 곳은 쇠퇴한다. 도회지의 성쇠가 길에 달린 셈이다. 뱃길로 물자를 운송하던 이전 왕조 시대에는 이곳 흥호에 조창漕倉이 있어 번성을 구가하였지만, 고속도로로 차가 운송하는 오늘날 이곳은 황량하기만 하다.
억새 사이를 날아다니는 참새가 서로 지저귄다. 찾아오는 사람이 거의 없었는데 사람이 보이니 이 사실을 서로 알리느라 그러는 것일까?
우리의 인생도 내가 선택한 길에 따라 명운이 정해진다. 한시 짓는 길을 오래도록 걸어왔다. 해가 갈수록 함께하는 사람이 적어진다. 흥호를 보면서 나의 인생길을 돌아보니 감개가 없을 수 없다.

흥호에서 옛일을 회상하다

저자의 흥성과 쇠퇴
무엇 때문에 달라지나
삶을 영위하려고 모이고 흩어지는 일이
다니는 길에 달려 있다

지난 왕조의 나루에는
장사치와 나그네 가득했는데
오늘날 모래톱에는
억새만 보인다

넓고 평탄한 길 위의 많은 차량
지금 넓은 들을 내달리는데
한때 많은 배가 다니던 두 강물은 모여
외로운 산을 돌아 흐를 뿐

쓸쓸해진 지난날 사적을
찾아와 묻는 이가 없었나 보다
나그네를 본 참새가 놀라
서로 알리느라 재잘댄다

彈琴臺懷古

若追往事已言休
臺下靑川今尙流
命改坐岩琴有志
數奇背水陣無謀
事功皆異去來跡
人物終同生滅漚
遊客憑欄愴然感
此間風月總爲愁

- 相傳伽倻樂師于勒坐山上台石而彈琴(전해지는 이야기로는 가야의 악사 우륵이 산 위의 바위에 앉아 가야금을 연주했다 한다.)
- 壬亂時巡邊史申砬布背水陣於達川邊與倭賊接戰而敗積(임진왜란 때 순변사 신립이 달천 가에 배수진을 치고 왜적과 접전하여 대패하였다.)
- 此地稱淸風明月之鄕(이곳은 청풍명월의 고장이라 불린다.)

제3구의 '지志'는 악상樂想을 뜻한다.《열자·탕문湯問》을 보면, 백아伯牙가 높은 산을 생각하면서[志] 금琴을 연주하면 그의 지음인 종자기鍾子期가 그 악상을 감지했다고 한다.
가야국 사람으로 신라에 망명하여 이곳 충주에 살게 되었으니 운명이 바뀌었다. 탄금대 바위에서 가야금을 탈 때 심사가 다단하지 않았을까?
제4구의 '수기數奇'는 운수가 나빠 불리한 일이 많은 것을 뜻하는 말인데,《한서·이광전李廣傳》에 나오는 이광 장군에 대한 이야기에서 이 어휘가 사용되었다.

탄금대에서 옛일을 회상하다

지난날 돌이켜 보니
이미 모두 끝난 일인데
탄금대 아래 푸른 물은
지금도 여전히 흐른다

운명이 바뀌어 바위에 앉아 탄 가야금에는
뜻이 담겼고
시세 불리해 물을 등지고 친 진은
무모하였지

사람이 오고 가며 한 일
그 남긴 자취는 다 다르지만
사람의 삶은
결국 생겼다 사라지는 물거품 같은 것

유람 온 나그네
난간에 기대어 서글프게 생각해 보니
이곳의 풍월이
모두 시름이구나

彈琴臺雜詠

英雄去盡臺猶在
題榜多吟往事悠
名勝遊人少弔古
春林但賞綠芽抽

탄금대 잡영

영웅은 다 사라졌어도
누대는 남아 있어
편액에 쓴 많은 시편이
흘러간 지난 일을 읊었다

이름난 이곳에 놀러 온 사람들
옛날을 회고하는 이 별로 없고
나무숲에 돋아난 푸른 새싹 보며
봄날을 즐길 뿐이다

聞川步賃居榮州田家有作

悠然心思眄東籬
小屋三間高臥時
久閱塵寰厭匆遽
今占樂土任棲遲
怡顏呼月情和酒
閑步遊山景入詩
別後終無邀客帖
風流獨享畏人知

천보가 영주의 시골집을 세내어 산다는 말을 듣고서 짓다

한가로운 마음으로
동쪽 울타리 쳐다보겠지
세 칸 작은 집에
편안하게 누워 있을 때

티끌세상을 오래 겪다 보니
바쁜 삶이 지겨워서
이제 즐거운 땅을 점쳐서
보금자리를 맡겠구나

기쁜 얼굴로 달을 부르니
정이 술과 어우러지고
한가한 걸음으로 산을 노니니
경치가 시에 들겠지

헤어진 후
여태껏 초청하는 글이 없으니
풍류를 혼자 누리면서
다른 사람이 알까 두려워하는가

제3구는 요구拗救를 하였다.

二韻代號說贈山靜

心靜如山靜
何關富與貧
常遊仁壽域
自作太平人

* 山靜姓洪名泰順(산정의 성은 홍씨, 이름은 태순이다.)

두 운으로 호설을 대신하여 산정에게 주다

마음의 고요함이
산이 고요한 듯하니
가난하든 부유하든
무슨 상관 있으랴

어질어 장수하는 세계에서
늘 노니니
절로
태평한 사람이 되리라

공자의 말씀에 의하면, 어진[仁] 사람은 산[山]을 좋아하고 성정이 고요하며[靜] 장수한다[壽]. 산정이 그런 삶을 살았으면 한다.

春夜聞雷

　　花情羞澀不知辰
　　細雨徒然浸潤頻
　　竟使輵聲劈天地
　　明朝破蕾滿枝春

봄밤에 천둥소리를 듣다

수줍은 꽃님 마음
때가 와도 모르고 있으니
가랑비 자주 적셔도
헛일이었다

마침내 천둥의 굉음으로
천지를 쪼개게 하니
내일 아침에는 꽃봉오리 터져
온 가지에 봄이 가득하겠지

가랑비가 여러 차례 내렸으나 수줍어서 그랬는지 꽃이 피지 않는다. 참다못해 조물주가 천둥을 치게 하니 천지가 개벽하듯 내일은 꽃봉오리가 벌어질 것이다.
제3구는 요구拗救를 하였다.

汝矣島賞櫻

　　櫻林數里花齊發
　　島上遊人嘆景奇
　　怪底春城飛雪片
　　東風忽襲故搖枝

여의도 벚꽃놀이

몇 리에 펼쳐진 벚나무 숲
꽃이 일제히 피어나자
섬에 놀러 온 사람
기이한 풍경 보고 감탄한다

괴이하다
어느 성시城市이기에 봄에 눈 조각이 날릴까
동풍이 갑자기 들이닥쳐
일부러 가지를 흔들었구나

春風

萬物靜難持
一吹過度時
飛鶯爭囀舌
垂柳擾纖枝
醉眼步原引
思襟憑檻披
又吟紅豆發
暫忘白髭衰

당나라 시인 왕유王維의 〈相思(상사)〉라는 시에 "紅豆生南國, 春來發幾枝.(남쪽 나라에서 자라는 홍두는 봄이 오니 몇 가지나 피었을까.)"라는 구절이 있다. 전설에 의하면, 어떤 여인의 지아비가 변방에서 죽자 그녀가 나무 아래에서 통곡하다가 죽어 홍두가 되었다고 한다. 그래서 홍두를 일명 '상사자想思子'라고 하고, 사랑이나 그리움을 상징하는 열매로 여긴다.

봄바람

만물이
평정平靜을 유지하기 어렵다
봄바람이 한 번 불어
그 옆을 지날 때면

날아다니는 꾀꼬리
재잘거리는 혀를 다투고
늘어진 버들
가는 가지 흔들어 댄다

들을 거닐 때
취한 눈길 끌리고
난간에 기대면
상념에 젖은 가슴 펼치게 된다

게다가
붉은 콩의 그리움을 읊조리면서
흰 수염 성긴 것도
잠시 잊게 하다니

柳

楊柳臨溪翠氣浮
清清春水照嬌柔
纖枝欲挽行人步
斜倚東風搖不休

버드나무

푸르른 기운이 떠 있는
시냇가 버들
맑고 맑은 봄물에
여리고 고운 자태 비친다

가녀린 그 가지
길 가는 사람의 걸음 붙잡으려는 듯
봄바람에 비스듬히 기대어
쉼 없이 흔든다

春曉

枕頭聽雨睡難平
晴早枝禽破夢鳴
開戶方知昨宵事
庭花暗發待人驚

봄날 아침

베갯머리에 들리는 빗소리에
잠을 설쳤는데
날이 갠 아침
가지의 새가 꿈에서 깨어나라고 지저귄다

문을 열고 나서야
간밤에 일어난 일을 알겠으니
뜰의 꽃이 몰래 피어
사람 놀라기를 기다리고 있었구나

제3구는 요구拗救를 하였다.

遊青鶴洞記

人間何處有別域
相傳頭流有秘蹟
青羽仙鶴棲此洞
土人生與紅塵隔
前朝眉叟欲避地
萬山千壑終難覓
追想武陵桃花水
只留一詩刻巖石
吾身幸得生今世
路達四處無險僻
自京乘車一日到
暗喜行役迥異昔
崎嶇山路歷幾里
疊疊峰巒境幽闃
始知地名不虛傳
其人道存將目擊
所閱却與所期違
洞裏見聞多生疑
有一土人揮手指
酷罵遊客怒橫眉
此客所犯竟何事
只是誤入菜圃籬

外客迷路豈必罵
敦厚古風或變衰
途上又逢一儒士
結髻着冠長鬚髭
上衣下衣皆古制
背手徐行何風儀
誰料此處有市戶
向我招手請買飴
飴賈豈敢衣縫掖
不覺心驚口啞而
奇事何堪一一詳
最是狹谷羅書堂
規模大如京街廈
層閣飛甍何煌煌
京都大師門徒少
此處濟濟盈廂房
欲入籍者不遠路
等待成列常伸吭
修贄何啻束脩禮
錢緡幾多實難量
村夫子讀至何書
名望何由如此彰
曾聞終南有捷徑
此山亦有其妙方
洞壑多處神佛像

其或能借光背光

蒼黃染絲變素質

錢神易使淳風失

嗟乎吾來自城市

山中反學致富術

* 洞在慶南道河東郡智異山中(청학동은 경남 하동군 지리산 안에 있다.)
* 眉叟李仁老之字其所著破閑集載有關事跡(미수는 이인로의 자이다. 그가 지은 《파한집》에 관련된 사적이 실려 있다.)

청학동 유람기

인간 세상 어디에 별천지가 있는가
두류산에 신비한 사적事跡이 있다고 전해지니
푸른 깃의 신선 학이 이 골에 둥지를 틀었고
그곳 토착민의 삶은 속세와 격리되었다고 하였지

지난 왕조의 미수가 세상을 피해 살고자 하여
이곳의 수많은 산과 골짝을 다 뒤졌으나 끝내 찾지 못하고
복사꽃 흐르는 물이 있는 무릉을 생각하면서
그저 시 한 수를 남겨 바위에 새겨두었다지
이 몸은 다행히 요즘 세상에 살아
길이 사방으로 이어졌기에 험하고 외지다 할 데가 없어서
서울에서 차를 타고 하루 만에 당도했으니
길 가는 수고가 예전과 판연히 다르다며 속으로 기뻐하였다

기구崎嶇한 산길을 몇 리나 지났던가
첩첩산중 속 유심幽深한 곳에 이르렀다
이곳 이름이 헛되이 전해진 게 아니구나 하고서는
이곳 사람의 깊은 수양을 한눈에 알아보려 했다

그런데 겪어 보니 기대한 것과 전혀 달라
이 골에서 보고 들은 것에 많은 의문이 생겼다
어떤 한 토착민이 손가락을 흔들며

놀러 온 나그네를 호되게 꾸짖으며 화난 얼굴로 눈썹을 찌푸리고 있었다
이 나그네가 도대체 무슨 일을 저질렀는가
그저 채마밭 울타리를 잘못 넘어 들어온 것뿐이었다
외지인이 길을 헤맨 것인데 어찌 그리 나무랄까
순후한 옛 풍습이 변했나 보다

길에서 또 한 선비를 만났는데
상투 틀고 갓 썼으며 수염을 길게 길렀다
아래위 옷차림이 모두 옛날 복식
뒷짐 지고 천천히 걸으니 풍채가 어찌 그리도 멋들어져 보이는지
이런 곳에 저자의 장사치가 있으리라 누가 생각이나 하겠는가
날 향해 손짓하여 불러서는 엿을 사란다
엿장수가 선비의 도포라니 가당키나 한 일인가
나도 모르게 놀라서 말문이 막힐 지경

기이한 일 어찌 하나하나 나열하랴만
그중 가장 심한 것은 골짝을 끼고 늘어선 서당
그 규모가 서울 거리의 빌딩처럼 크고
층층의 각도閣道와 나는 듯한 지붕 어찌 그리 휘황한지
서울의 큰 선생도 문도가 적은 시대에
이곳은 북적북적 방마다 가득하다
등록하려는 이가 길을 멀다 않고 찾아오니
기다리는 이가 줄을 이룬 채 늘 목을 빼고 기다린다
강습을 청하는 예물이 한 묶음의 육포일 뿐이겠는가
돈 꾸러미가 얼마나 많은지 헤아리기 어려울 정도

시골 선생님께서는 어떤 책까지 읽으셨나
명망이 어찌하여 이다지도 빛나는가

중원 땅에 종남산 지름길이 있다는 말 들었는데
이 산에도 또한 신통한 방술方術이 있을 터
골 안 여러 곳에 있는 신불의 석상
그것이 혹 등 뒤의 후광을 빌려주셨나

푸른 물감 노란 물감이 실의 흰 바탕을 변질시키듯이
돈의 신은 순박한 풍속을 쉽게도 바꾸었구나
아아 도성 저자에서 온 이 사람이
산속에서 오히려 돈 버는 방법을 배우다니

    시로 쓴 유기遊記이다.
    먼 길을 찾아간 청학동이다. '도인촌道人村'이라고도 불리는 이곳에서 막상 겪은 일이 기대했던 것과 너무나 딴판이어서 실망스러웠다. 하지만 주마간산 격이니 그 실상을 제대로 보았을 리 만무하다. 참된 은자와 도인은 자신을 쉽게 노출하지 않는 법, 이 시가 그런 분에게 혹 욕이 될까 저어된다.
    '眉叟(미수)'는 고려 문인 이인로李仁老의 자이다. 그의 기행 수필인 〈靑鶴洞(청학동)〉에 청학동을 찾아다니다 찾지 못하고 바윗돌에 시만 남기고 돌아갔다는 이야기가 실려 있다.
    '道存目擊(도존목격)'이라는 말이 있다. 어떤 사람이 수양하여 내면에 훌륭한 도덕을 갖추고 있으면 다른 사람이 보자마자 그것을 알아본다는 뜻이다. 《장자·전자방田子方》에 이 말이 나온다.
    '束脩(속수)'는 한 묶음의 육포로 가장 값싼 예물을 뜻한다. 《논어·술이述而》에 의하면, 공자는 학생이 속수만 가지고 와도 가르쳤다고 한다.
    '終南捷徑(종남첩경)'이라는 말이 있다. 종남산의 지름길이라는 뜻으로 쉽게 벼슬하는 길을 말한다. 당나라 때 벼슬을 하고 싶은 사람은 장안에서 멀리 떨어지지 않은 이 종남산에 은거하면서 명성을 얻고, 그 덕으로 쉽게 벼슬할 수 있었다고 한다.
    《묵자墨子·소염所染》에 의하면, 묵자墨子가 실을 물들이는 사람을 보고서는 "푸른색에 물들여지면 푸르게 되고, 누런색에 물들여지면 누렇게 되는구나"라고 탄식했다고 한다.

春日嘆

經過花溪與柳陌
將逐春色盡日遊
風光箇箇惹情甚
山野處處行步周
總爲畫境言欲形
徒對詩料思難抽
如見美人驚花容
欲吐心語已塞喉
嘗聞杜子坐江上
向花鳥曰莫深愁
明明高眼尙有嘆
何況凡夫昏昏眸
煙雲供養聊享之
何必強吟自招憂

* 杜甫江上值水如海勢聊短述詩有春來花鳥莫深愁句(두보의 <강가에서 바다 같은 기세의 강물을 대하고서 애오라지 짧게 기술하다> 시에 "봄이 와도 꽃과 새는 심히 걱정하지 말아라."라는 구절이 있다.)

봄날의 한탄

꽃 핀 시내와 버드나무 길을 지나며
봄빛을 좇고자 종일 노니니
풍광은 하나하나가 정을 깊이 자아내어
산과 들판 곳곳을 두루 걸어 다닌다

모두가 그림 속 경지여서 말로 그려내고 싶지만
그저 이런 글감을 마주할 뿐 시상을 뽑아내기 어렵구나
마치 미인을 보고 꽃 같은 자태에 놀라서
마음속 말을 토해내려 해도 목이 이미 막힌 듯

전에 두자杜子께서 강가에 앉아서 한 말을 들었으니
꽃과 새에게 깊이 걱정하지 말라고 했지
밝고 밝은 눈을 가진 이도 오히려 한탄을 하였으니
나 같이 어두운 눈을 가진 범부야 말할 게 있으랴

자연의 풍광이 공양하는 것 애오라지 즐기면 되지
굳이 애써 읊으려고 근심을 자초하랴

좋은 시절 좋은 풍광을 마주하면 이를 읊어야 한다는 강박관념에 시달린다. 자연 속에 놀면서 심신을 보양하기는커녕 해치고 있으니 참으로 어리석은 짓이다.
'杜子(두자)'는 두보의 존칭이다. 그는 〈江上値水如海勢聊短述(강상치수여해세료단술)〉 시에서 이제는 글이 무뎌져 경물을 잘 그려내지 못하니 꽃이나 새가 자기를 만나도 걱정하지 말라고 하였다.
'煙雲供養(연운공양)'은 자연 경물이 베푸는 공양이라는 뜻으로 자연이 주는 즐거움을 말한다.

吳修士親作黙珠見惠

顆圓如許緻
厚意刻其間
梿棗潤疑玖
玫瑰聯作環
靜捘消氣躁
黙想救心頑
五轉祈求篤
樂園將仰攀

* 修士名壽祿(수사의 이름은 수록이다.)

오 수사께서 손수 묵주를 만들어 선물로 주시다

묵주 알 둥근 게
이다지도 정치하니
두터운 정을
거기에 새겨 넣어서라

대추나무가 윤택이 나니
검은 옥돌인가 싶고
장미 문양을 이어서
둥근 고리가 되었다

조용히 만지다 보면
조급한 기운 없어지고
묵상에 빠져들면
어리석은 마음 다스려진다

다섯 번씩 돌리면서
독실하게 기도하면
하늘나라 낙원을
혹 붙잡고 오를 수 있으려나

細雨

疎影無還有
滴階知雨侵
却加春氣發
未使日光沉
步院不汚屐
倚欄能濕心
濛濛思何遣
細細酒頻斟

가랑비

성글게 내리는 모습
있는 듯 없는 듯
섬돌에 떨어진 물방울 보고서야
비가 온 줄 알았으니

봄기운을
더 피어나게 할 뿐
햇빛을
사라지게 하지 않는다

뜰을 거닐 때
신발을 더럽히지 않더니
난간에 기대니
마음을 젖게 하는구나

보슬보슬 젖어 드는 상념
어떻게 풀까
가랑비처럼 가늘게 따른 술을
홀짝거린다

제5구의 요拗를 제6구의 제3자를 평성자로 하여 구救하였다.

春田白鷺二首 其一

　　皓髮傴肩忙壟疇
　　農期多事獨圖謀
　　掘翻泥土皆耕了
　　靜立渠頭視灌流

봄 논의 백로 제1수

허연 머리에 굽은 등으로
논두렁에서 바쁘니
농사철 많은 일을
혼자서 하려는 것인가

진흙을 파서 엎어
논을 모두 갈고서는
도랑 가에 조용히 서서
물 흘러드는 것 살펴본다

사람이 보이지 않는 봄 논에 해오라기가 먹이 활동을 하느라 분주하다. 자기 나름으로 농사를 짓는 것이겠지.

春田白鷺二首 其二

已失黃牛牽耒愁
却來白鷺擅田遊
耕機飜土卽相從
飛影漂漂捎地浮
喧比鳩求場穀集
急如鷗見浪魚投
今看萬頃農人少
唯汝知時忙四疇

봄 논의 백로 제2수

누렁소가 쟁기를 끌며 시름 하는 모습
이제는 없어지고 나니
도리어 흰 해오라기가 와서
논을 독차지하여 노는구나

경운기가 땅을 갈아엎자
바로 이를 따르니
이리저리 나는 모습
땅에 스칠 듯 떠다닌다

요란하기는
마당의 곡식 찾아서 모인 비둘기 같고
급하기는
물결 속 물고기에게 몸을 던지는 갈매기 같다

지금 보아하니
만 경 이랑에 농부가 적은데
오직 너희들만이 때를 알아
사방 논에서 분망하구나

수련은 대장구對仗句를 쓰고 함련은 산구散句를 썼으니, 이른바 '투춘격偸春格'이다.

環碧堂有感

林氣山光四處環
乍疑築在碧煙間
庭多出草從蕪徑
門少來人未掩關
古士曾求遯身樂
此堂可得養心閒
有誰再唱滄浪水
臺石猶希釣客還

* 堂在全南道潭陽沙村金允悌避士禍還鄉後築此以養老鄭松江未仕時得其引掖而共居附近有釣臺卽松江釣魚處(당은 전라남도 담양에 있다. 사촌 김윤제가 을사사화를 피하여 고향에 돌아온 뒤 이 당을 지어 노년을 편안하게 지냈다. 송강 정철이 출사하기 전 그의 가르침과 도움을 받게 되어 함께 살았다. 부근에 조대가 있는데 바로 송강이 낚시하던 곳이다.)

환벽당에서

숲 기운과 산빛이
사방에서 둘러싸니
푸른 연무 속에 지었나 하고
잠시 의아해진다

풀이 많이 자라나서
뜰의 길을 어지럽게 덮어도 내버려 두었고
찾아오는 이 드물어도
문은 아직 빗장을 걸지 않았다

옛 선비가
몸을 숨겨 사는 즐거움을 찾고자 하였는데
이 당에서
한가롭게 마음을 기를 수가 있었지

그 누가 있어
다시 창랑가를 부를까
조대釣臺의 바윗돌
낚시할 나그네를 아직도 기다리고 있는데

한때는 명숙名宿이 풍류를 즐기며 노년을 보내고, 신진新進이 찾아와 면학하던 곳이다. 이제는 찾아오는 이가 별로 없고 풀만 무성하지만, 그래도 누군가 오기를 기다리는지 문이 열려 있다. 예전에 명사들이 낚시하던 바윗돌도 아마 지난 시절을 그리워하고

있겠지.
'滄浪(창랑)'은 노래 이름으로, 가사는 '滄浪之水淸兮, 可以濯吾纓. 滄浪之水濁兮, 可以濯吾足.(창랑의 물이 맑으면 나의 갓끈을 씻을 수 있고, 창랑의 물이 흐리면 나의 발을 씻을 수 있다.)'이다. 굴원이 지었다고 하는 〈어부사漁父辭〉에도 이 노래가 나오는데, 주어진 상황에 맞추어 사는 것이 옳다는 뜻을 담고 있다.
제5구는 '요구拗救'를 하였다.

息影亭

畏影移身影貼身
構亭息影爲修眞
棲居昔唱長傳世
景物今存實可人
日暮望川流似寂
地幽聽鳥響加親
依依顧盻恨無主
淸夜不能留作賓

* 亭在全南道潭陽鄭松江曾留此地以作星山別曲(정자는 전라남도 담양에 있다. 송강 정철이 일찍이 이곳에 머물면서 <성산별곡>을 지었다.)

식영정

그림자가 무서워 몸을 옮겨도
그림자는 그 몸에 붙어 다니니
정자 지어 그림자 쉬게 한 건
참된 마음을 닦기 위해서였지

은거해 살던 이의 옛 노래
길이 세상에 전해지거니와
지금 있는 경물도
실로 사람 마음에 든다

해 저물 녘 내를 보니
그 흐름을 그친 듯하고
그윽한 곳이라 새 소리 들으니
더욱 친근하게 느껴지는 곳

아쉬워 돌아보지만
한스럽게도 주인이 없어
맑은 이 밤에
손이 되어 머물 수가 없구나

그림자가 무서워 피하려 해도 그림자는 나를 따라다니니, 햇빛 들지 않는 곳을 찾아야만 비로소 그림자를 쉬게 하여 보지 않게 된다. 명리名利를 피하는 방법도 마찬가지이다. 세속에서는 아무리 애를 써도 되지 않으니 세속을 떠나 초연하게 살아야 한다.

식영정은 그림자를 쉬게 하기가 적당한 곳이다. 저녁이라 물도 흐르기를 그친 듯한 곳에서 새소리가 친근한 소리로 쉬어가라고 권하는 좋은 밤이다. 그러나 주인이 없어서 하룻밤 숙박을 청할 수 없으니 쉬지 못하고 돌아설 수밖에 없다.

'畏影(외영)'은 《장자·어부漁父》에 다음과 같은 관련 우언이 있다. "자기 그림자가 두렵고[畏影] 발자국이 싫어서[惡跡] 그것들로부터 떨어지려고 달린 자가 있었다. 그러나 발을 자주 움직일수록 발자국은 더 많아지고, 더욱 빨리 달려도 그림자는 몸에서 떠나지 않았다. 그는 자기의 걸음걸이가 아직도 늦다고 생각하여 쉬지 않고 뛰었고, 결국 힘이 다해 죽고 말았다. 그늘 속에 머물러 그림자를 쉬게 하고[休影] 조용한 곳에 머물러 발자국을 쉬게 할[息跡] 줄을 몰랐던 것이니, 이 얼마나 어리석은 짓인가!"

'昔唱(석창)'은 정철의 〈성산별곡〉을 이른다.

瀟灑園

    天然丘壑趣
    辦作此園中
    門引溪流入
    檐連山氣濛
    石苔知古味
    林竹揖清風
    恨不逢高士
    閑吟避地衷

* 園在全南道潭陽瀟灑翁梁山甫築此(원은 전라남도 담양에 있다. 소쇄옹 양산보가 이 원을 지었다.)

소쇄원

산언덕과 골짜기의 천연한 정취를
이 정원에 다 빚어내었으니
문은 시냇물을 끌어들이고*
처마는 자욱한 산 기운과 이어져 있다

이끼 낀 돌에서 예스러운 맛을 알게 되고
대나무 숲에서 그 맑은 풍격을 우러르는데
세속을 떠난 심사 한가롭게 읊던 고매한 선비
그분을 지금 만날 수 없어 한스럽구나

---

* 이곳에 '오곡문五曲門'이 있는데 굽이굽이 흘러오던 계곡물을 정원 안으로 받아들이는 곳이다.

野景

漠漠田無際
煙開已曙暉
草多經雨過
柳細帶風微
白鷺聯拳立
黃鶯熠燿飛
老農終日作
將喜綠禾肥

들판의 풍경

가없이 펼쳐진 논
연무 걷히자 이미 새벽빛
비 지나가니 풀 무성하고
산들바람 머금은 버들가지 가늘다
흰 해오라기는 몸을 웅크린 채 서 있고
노란 꾀꼬리는 날개 반짝이며 날아다닌다

늙은 농부가
종일 농사일을 하고 있으니
푸른 벼 살진 모습
기뻐하며 보게 되겠지

'聯拳(연권)'은 몸을 굽힌 모양이다. 두보杜甫의 〈漫成一首(흥 가는 대로 쓴 시 1수)〉에 "沙頭宿鷺聯拳靜.(모래 섬에 자는 백로가 몸 굽힌 채 고요하다.)"라는 구절이 있다. '연권'을 '모여 있는 모습'이라고 풀이하는 주석가도 있다.
'熠燿(습요)'는 빛이 반짝거리는 모양, 또는 빛이 선명한 모양을 뜻한다. 《시경·동산東山》에 "倉庚于飛, 熠燿其羽.(꾀꼬리 나니, 그 깃이 반짝인다.)"라는 구절이 있다.

砂上花

砂礫非合根
微生還自遂
低頭將細看
向人笑容媚

모래에 핀 꽃

모래나 자갈은
뿌리내리기 힘든 곳이거늘
작은 이 생명이
그런데도 스스로 살아났구나

머리를 숙이고 다가가서
자세히 보려 하니
웃는 얼굴로 나를 보며
예뻐해 달라고 하네

竹林

千章但修竹
何興獨行遲
颯爽風為好
青葱陰亦奇

대숲

천 그루가
모두 대나무뿐인데
무슨 흥이 나서
혼자서 천천히 걷나

시원하게 불어
바람이 좋고
푸른 빛 가득하여
그늘도 기이해서라

唐津買地

買丘數畝卜吾居
塵事渾忘將晏如
種豆栽花有餘力
清閒心境讀詩書

당진에 땅을 사다

언덕의 땅 몇 이랑을 사서
내 살 곳을 정했으니
세상사 모두 잊고
오직 편안하게 지내야지

콩 심고 꽃 가꾸다가
남은 힘이 있으면
맑고 한가로운 마음의 경지에서
시문을 읽으리라

제3구는 요구拗救를 하였다.

又作四韻

欲結田廬買地初
歡衷暗已唱歸歟
形勞案牘昔曾苦
心向林泉今始舒
無奈營生須薄宦
不妨乘暇得閑居
應將職事倍加力
餘日嘻嘻爲散樗

앞의 절구에 쓴 '어魚' 운으로 다시 율시를 지어 보았다. 실제로는 운자 다섯을 썼지만, 율시를 일반적으로 '사운四韻'이라 칭하기에 시제에서 이를 따랐다.
'散樗(산저)'는 가죽나무처럼 쓸모없는 나무를 뜻한다. 《장자》에 이와 관련된 우언들이 있는데, 쓸모가 없어 도리어 천수를 누리는 존재를 비유한다. 이른바 '무용지용無用之用(쓸모없는 것의 쓸모 있음)'의 상징 같은 존재이다.

다시 율시를 짓다

전원에 집을 엮어 보려고
땅을 사자마자
기쁜 마음에 속으로 이미
귀거래사를 노래 불렀다

공문 처리하느라 지친 몸
전에 고통스러웠는데
임천林泉을 향한 마음
이제 비로소 펼치게 되었구나

삶을 꾸리려니 어쩔 수 없어
작은 벼슬이라도 하는 처지지만
휴가 얻어 쉴 때는 한가롭게 지내도
무방하리라

맡은 직무에
앞으로 더욱 힘을 쏟아야지
그리해서 남긴 날엔
희희낙락하며 가죽나무처럼 살아야겠다

唐津望夕陽

地傍西洋宜暮景
斜陽赤照染天空
此中悟得老年美
將使終生心志烘

당진에서 석양을 바라보다

땅이 서해 바다 옆이라
저녁 풍경이 좋으니
지는 해 붉은 빛이
하늘을 물들인다

노년이 아름다운 것이라는 이치를
이를 보고 깨달았으니
앞으로 삶을 마칠 때까지
마음을 불태우게 되겠구나

初夏即事

時出校牆尋綠陰
輕裝催步獨行林
暫拋堆案事爲滿
由好坐山情味深
紅蘂落枝疑有意
白雲卦嶺學無心
偷閒短促何須惜
猶撫詩癡歸路吟

초여름 날에

녹음을 찾으려
때때로 학교 담장을 나와서
가벼운 옷차림으로 걸음을 재촉하며
홀로 숲을 거닌다

책상에 쌓인 많은 일거리
잠시 팽개친 것은
산에 앉았을 때의 깊은 맛을
좋아해서이다

가지에서 떨어지는 꽃에게
어떤 심사가 있지 않을까 생각해 보고
고개에 걸린 흰 구름 보며
그 무심함을 배운다

잠시 낸 틈 짧다고
어찌 아쉬워하겠는가
그래도 시 좋아하는 병증 달래며
돌아오는 길에서 읊조릴 수 있으니

次韻又作

風暖山禽呼樹陰
參差草潤雨晴林
樹光同綠有明暗
溪響咸盈無淺深
榮茂物生由地德
循環時替是天心
瑣微春思已除了
浩氣開胸爲嘯吟

차운하여 다시 짓다

바람이 따뜻하여
산새가 나무 그늘에서 지저귀고
비 갠 숲에는
삐죽삐죽 자란 풀이 물기로 촉촉하다

나무 색은 모두 푸르지만
밝고 어두워 그 빛이 다르고
시내가 얕든 깊든
물소리 어디나 가득하다

만물이 번성하게 자라니
땅의 덕 때문이고
순환하며 시절을 바꾸는 것
하늘의 마음이겠지

자잘한 봄날의 그리움
이미 다 없애버렸으니
호연한 기상으로 가슴을 펴고
휘파람 노래 부른다

앞 시에 차운하여 다시 지었다.
'嘯吟(소음)'은 '소가嘯歌'와 같은 뜻으로 얽매이지 않는 심사를 후련하게 노래하는 것을 말한다.

校庭小竹

蕭蕭小竹不成篁
猶帶綠煙經雪霜
寸土託根將幾久
此君却使子猷傷

* 竹在第二棟樓下(대는 제2동 건물 아래에 있다.)

교정의 작은 대나무

쓸쓸한 작은 대나무가
숲을 이루지는 못했어도
눈 서리 견뎌내고
푸른 빛을 아직도 띠고 있다

한 치 비좁은 흙에 뿌리를 맡겼으니
얼마나 오래 살 수 있을까
이분이 여기서는
자유子猷의 마음을 아프게 한다

제2동 건물 아래의 작은 터에 대나무를 심어 놓았다. 작은 키에 생기도 없어 보여 마음이 아프다. 크게 성장하려면 큰 땅에 뿌리를 내려야 하는데 어쩌다가 이런 곳에 심어졌을까? 그래도 부디 잘 견뎌내며 성장하기를 기대한다.
'此君(차군)'은 이분이란 뜻으로, 대나무를 높여 부르는 말이다. '子猷(자유)'는 왕휘지王徽之의 자字이다. 그는 동진東晉의 유명한 서예가이며, 왕희지王羲之의 아들이다. 《진서晉書·왕휘지전王徽之傳》을 보면, "왕휘지가 대나무를 가리키며 '이분[此君]이 없이 어찌 하루인들 지낼 수 있으리오.'라고 했다"는 기록이 있다. 이를 통해 그가 대나무를 아주 좋아했고 늘 가까이했음을 알 수 있다.
대나무를 사랑하는 사람이라면 누구나 자유子猷이다. 자유는 대나무를 볼 때마다 늘 즐거웠는데, 생기 없는 이 대나무를 보게 되었으니 오늘은 도리어 마음이 아프다.

醉雨

滂沱疑拆天底縫
漏瀉必減天上潢
雨脚粗密如麻立
眼前世界迥異常
迸沫觸身人心動
手足舞蹈入淋浪
身入卽使胸膈暢
快比氷水方澆腸
一股興溢禁不住
解衣赤足叫欲狂
沾浹轉覺骨髓軟
雨氣醉人勝銜觴
疾惡群小輒心火
漸積內熱何治防
況乃炎蒸又加悶
解悶常須呼杜康
幸逢滌盡塵氛污
神情頓覺清且凉
將謂白雨爲玄酳
萬斛億斞量何量
自頂至踵渾身濕
醉後自忘思茫茫

비에 취하다

좍좍 비가 내리니
하늘 밑부분 꿰맨 데가 터졌나 싶다
물이 새어 쏟아지니
필시 하늘 위 은하수가 줄어들었을 터
빗발이 굵고 빽빽하여
삼대가 서 있는 듯하니
눈 앞에 펼쳐진 세계가
완전히 달리 보인다

세차게 튀기는 물방울이 몸에 닿자
사람 심장이 두근거려
손과 발이 춤을 추며
쉼 없이 떨어지는 빗속에 들어간다
몸이 들어가자
막힌 가슴이 바로 뚫리니
그 상쾌한 기분
마치 얼음물을 창자에 부어 넣은 듯

한 줄기 흥이 넘쳐
참을 수가 없으니
옷을 벗고 맨발로
미친 듯 소리친다

빗물이 스며들어 적셔 가자
골수조차 나긋나긋해지는 듯
비 기운이 사람을 취하게 하는 게
술보다 낫구나

뭇 소인배를 미워하여
번번이 마음에 불이 났고
그 열기가 점차 속에 쌓였으니
이를 어찌 다스릴까
하물며 찌는 더위가
또 답답증을 더하니
답답증을 풀려면
늘 두강을 불러야 했다

세상을 더럽히는 먼지 티끌이 다 씻긴 날을
오늘 다행히 만나고 보니
내 정신이
갑자기 맑고 시원해짐을 느끼게 된다
하얀 구슬 같은 빗방울의 이 소나기를
검은 기장으로 빚은 진한 술이라고 한다면
천만 말 억만 말 그 한량없는 양을
어찌 잴 수 있으랴

정수리부터 발꿈치까지
온몸을 적신 비

그 비에 잔뜩 취하고 나니
속 시끄러운 내 심사를 절로 잊어버린다

'天潢(천황)'은 은하수이다. '滂沱(방타)'는 비가 세차게 쏟아지는 모습이다. '雨脚(우각)'은 빗발, 즉 빗줄기를 뜻한다. '淋浪(임랑)'은 물방울이 쉼 없이 떨어져 적시는 모양이다. 술을 마셔 취한 모습을 뜻하기도 하여, 이 시에서 의도적으로 이 어휘를 사용하였다. '杜康(두강)'은 술을 처음으로 만들었다고 하는 사람으로, 술을 대칭代稱한다. '白雨(백우)'는 빗방울이 흰 구슬 같다는 뜻으로 소나기를 말한다. '玄罋(현창)'은 검은 기장으로 빚은 좋은 술을 뜻한다. '斛(곡)'과 '斞(유)'는 분량의 단위로, 모두 많은 양에 해당한다. '思茫茫(사망망)'은 생각이 많은 것을 뜻한다.

夏山閑吟

花落林猶美
春歸山不移
一元知永在
四序任相推
枝鳥得陰穩
澗魚添水怡
閑人又何樂
臥看白雲奇

구름 한 점 없던 하늘에 갑자기 구름이 나타나고, 다시 천변만화 갖가지 모습으로 바뀐다. 그러다가 어느 순간 싹 사라져 하늘은 다시 '무無'의 상태를 보인다. 마치 본원本源의 '도道'에서 '기氣'가 나와 갖가지 변화를 보이고 갖가지 물상을 만들다가 다시 본원으로 돌아가는 것 같다. 그 구름을 관찰하다 보면 자연의 원리를 알 수 있다. 제7구는 요구拗救를 하였다.

여름 산에서 한가로이 읊다

꽃이 떨어져도
숲은 여전히 아름답고
봄이 돌아갔지만
산은 그대로 있다

태초의 원기
영원히 있음을 알고 있으니
네 계절
서로 바뀌어 가는 대로 내버려 두어야지

나뭇가지의 새는
그늘을 얻어 안온하고
시내의 물고기는
물이 더해져 기뻐한다

한가로운 이 사람은
또 무엇이 즐거운가
편하게 누워서
흰 구름의 기이한 변화를 보는 것이지

風吹我

萬物成形具四大
我身偏多有風氣
心無常住伴雲流
自嘆此氣實放肆
尤其觸興時
情炎馳如野火走野熾
今看草木搖
風聲滿天地
應吹驅我放浪去
半夜醉步何處至

바람이 나를 날려보내다

만물이 형체를 이룰 때
지수화풍地水火風 네 기운을 고루 갖추는데
유독 이 몸은
바람기가 너무 많다

마음이 상주常住하는 데가 없어
구름과 짝하여 떠도니
이 바람기는 실로 제멋대로라고
절로 탄식하는데
더구나 그것이
마음속의 흥을 건드릴 때면
감정의 불꽃 내달리는 게
들불이 타면서 들을 달리는 듯하다

지금 보니
초목이 흔들리고
바람 소리가
천지에 가득하다

지금 부는 이 바람이
필시 나를 몰아 떠돌아다니게 할 테니
한밤중 나의 취한 발걸음은

어디에 가서 멈출까

나에게 바람기만 있으랴? 불기운도 만만찮으니 그래서 앞 시에서 말한 대로 소나기에 온몸을 내맡기기를 좋아한다.

불교에서는 만물이 흙[地], 물[水], 불[火], 바람[風] 네 가지 요소로 이루어져 있다고 한다. 여기에 '빈 공간[空]'을 더해 다섯 가지 요소[五大]로 이루어진다는 설도 있다.

偶吟

時窮獨欲持身易
命達猶能忘世難
陋屋三間容膝穩
濁醪數盞遣心寬
鴟貪腐餌俗夫嚇
鷦息小枝高士安
已視榮官如弊屣
甘為吏隱享清歡

우연히 읊다

시운이 곤궁할 때 혼자 지조를 지키며 사는 것은
오히려 쉽지만
일신이 영달했는데도 세상사를 잊기란
정말 어렵다

누추한 집 세 칸으로도
다리를 뻗고 안온하게 살 수 있고
막걸리 몇 잔이면
마음을 풀어 너그러워지지

올빼미가 썩은 음식을 탐하듯
속된 이는 작은 것도 뺏기지 않으려고 악을 쓰는데
뱁새가 작은 나뭇가지에 깃들 듯이 살아도
고상한 선비는 편안하기만 한 법

높은 벼슬도
내 이미 헌신짝처럼 여기니
기꺼이 벼슬 속에 은거하는 이가 되어
맑은 즐거움을 누려야겠다

네 연 모두 대장구로 된 '전대격全對格'이다.
'鴟(치)'는 올빼미이고, '嚇(혁)'은 노해서 지르는 소리이다. 《장자·추수秋水》에 "올빼미가 썩은 쥐 한 마리를 얻었는데, 마침 원추鵷鶵가 그곳을 지나가게 되었다. 올빼미는

썩은 쥐를 빼앗길까 두려워 위를 보고 '꽥[嚇]' 하고 소리를 질렀다."라는 우화가 실려 있다.

'鷦(초)'는 초료鷦鷯, 즉 뱁새. 《장자·소요유逍遙遊》에 "뱁새가 수풀에 둥지를 틀지만 겨우 나뭇가지 하나 차지할 뿐이다."라는 말이 있다.

'吏隱(이은)'은 벼슬살이를 하면서 은자로 사는 사람이다. 그런 사람은 부득이 벼슬은 하고 있으나 마음으로는 은거 생활의 즐거움을 추구한다.

'淸歡(청환)'은 청정하고 청빈하게 사는 기쁨이다.

學生送酒戲作謝之

　　求詩催我汝知術
　　故送青州從事來
　　感意醺醺能口占
　　數行答貺卽時裁

학생이 술을 보내왔기에 장난삼아 지어서 감사의 뜻을 전하다

시 지어 달라고 나를 재촉하는 방법을
자네가 잘 알고 있어서
일부러 청주의 종사관을
보내왔겠지

그 뜻에 내 마음이 취하니
입에서 시가 술술 나와
몇 줄 감사하는 답글이
바로 만들어졌구나

'靑州從事(청주종사)'는 술기운이 배꼽까지 느껴지는 좋은 술을 뜻한다. 《세설신어世說新語·술해述解》에 다음과 같은 일화가 실려 있다. 진晉나라 환온桓溫의 주부主簿가 좋은 술과 나쁜 술을 잘 가렸다. 그는 좋은 술을 '청주종사', 즉 청주에서 종사 벼슬을 하는 관리라 불렀는데, 청주에 있는 제군齊郡의 '제'가 배꼽의 뜻인 '제臍'와 음이 같았기 때문이다. 즉 좋은 술은 배꼽까지 술기운이 느껴진다는 것이다. 맛이 시원찮은 술을 '평원平原의 독우督郵'라 하였는데, 평원군平原郡에 있는 격현鬲縣의 '격'이 횡격막의 뜻인 '격膈'과 음이 같았기 때문이다. 즉 그런 술은 횡격막 정도까지만 술기운이 느껴진다는 것이다.
'口占(구점)'은 입에서 말이 나오는 대로 시가 지어지는 것을 뜻한다.

何不止酒二首 其一

贏身漸厭傷多酒
何苦至今猶不辭
胸情或有醉詩料
若乏杜康難釀之

어째서 술을 끊지 못하나 제1수

병약한 몸이라
과도한 음주를 점점 지겨워하면서
무슨 괴로움이 있어
아직도 마다하지 않는가

좋은 글감을 보고
혹 심취하는 감정이 있어도
두강이 없다면
그것을 시로 빚어낼 수 없어서라

'傷多酒(상다주)'는 과도하게 많이 마시는 술을 뜻하는 말로, 두보의 〈曲江二首(곡강이수)〉에 이 어휘가 쓰였다.
'杜康(두강)'은 술을 처음으로 만들었다고 하는 사람으로, 술을 대칭代稱한다.

何不止酒二首 其二

醉時神思脫靈府
能與無情交感遊
撫樹風聲何竊竊
月心向日恨悠悠

어째서 술을 끊지 못하나 제2수

취했을 때의 신묘한 상상想像은
그의 마음 집을 탈출하여
무정물과 교감하며
자유롭게 노닌다

나무를 어루만지는 바람 소리
어찌 그리 소곤대는지
해를 향한 달의 심사
그 한이 아득하구나

평소에 들리고 보이지 않던 현상을 술에 취하면 듣고 볼 수 있다. 일상의 인식을 벗어나서 자연과 교감할 수 있기 때문이다. 바람이 불어 나무를 살랑거리게 할 때 나는 소리는 사랑의 속삭임이다. 해를 그리워하면서도 긴 밤 내내 홀로인 달의 빛은 시름의 표출이다. 바람과 나무의 사랑, 해를 향한 달의 그리움은 모두 앞 시에서 말한 '글감[詩料]'이다. 술은 글감에서 느낀 감정을 시로 숙성하는 데에도 필요하지만, 글감을 찾아 주기도 하니 이래저래 술은 마실 수밖에 없다.
'神思(신사)'는 상상하는 마음이다.
'靈府(영부)'는 정신의 집이란 뜻으로 마음을 이르는 말이다.
'竊竊(절절)'은 작은 소리로 소곤소곤 속삭이는 모양이다.

餞夏

樽筵俛視野山開
大火西流金氣來
雲日殘炎蒸下地
水風生颸入斯臺
壯年有限容顔改
素志無成歲月催
送夏猶須守陽德
豪情高唱不停杯

제7구는 요구拗救를 하였다.
'大火(대화)'는 심성心星. 심성이 서쪽으로 내려가면 여름이 가고 가을이 온다.

여름을 전별하다

술자리에서 굽어보니
들과 산이 펼쳐져 있는데
심성이 서쪽으로 내려가
가을 기운이 오고 있다

구름 속 해에 열기가 남아
아래 세상을 찌고 있는데
강바람은 물결을 일으키며
이 누대로 불어온다

젊은 시절은 한계가 있어서
얼굴이 바뀌었는데
평소에 품은 뜻 이룬 것 없이
세월만 빨리 흐르는구나

여름은 보내지만
양기의 덕은 지켜야 할 터
호탕한 정을 크게 노래하며
술잔을 멈추지 않는다

偶吟

晚山堆暗影
歸鳥噪相催
人憐夕陽沒
登嶺更徘徊

우연히 읊다

저녁 산에
어두운 빛 쌓여 가자
새가 시끄럽게 지저귀며
둥지로 돌아가자고 서로 재촉하는데
이 사람은
석양이 지는 게 아쉬워서
산 고개에 올라서
다시 이리저리 거닌다

제3구는 요구拗救를 하였다.

題蓮城居

靜者幽棲地
風煙別有天
窓晴憐白鷺
池雨就紅蓮
咫尺京塵隔
尋常野氣專
淸閑在人境
何必臥雲眠

- 玄梅堂居所(현매당의 거처이다.)
- 京塵卽京洛塵('경진'은 '경락진'이다.)

연성은 경기도 안산의 별칭이다. 현매당 여선자 선생의 집이 그곳에 있다.
제7구는 요구拗救를 하였다.
'靜者(정자)'는 청정한 도를 터득하여 세속을 벗어나 조용하게 사는 사람. 흔히 은자를 뜻한다.
'京塵(경진)'은 '경락진京洛塵'의 줄임말이다. 공명功名이나 이록利祿을 좇는 세상사를 이른다.

연성 집에 제하다

조용한 사람이
은거해 사는 땅
바람 안개가 펼친 풍경
별천지이다

갠 날 창에서
흰 해오라기를 어여쁘게 보고
비 내리는 못에서는
붉은 연꽃에 다가간다

서울이 지척인데도
명리名利의 세상사와 떨어져 살면서
일상에서 보는 들 정취를
혼자 누리는구나

청한淸閒한 삶이
사람 사는 곳에도 있으니
굳이 구름을 찾아서
그 위에 누워 잠들 게 있나

雜詩

世間多事已無干
催步應邀唯碧山
今日妍花經雨洗
兼俱沃樹待人還

잡시

세상의 많은 일
간여하는 게 없어
걸음 재촉해서 부름에 응하는 건
오직 푸른 산

오늘은
예쁜 꽃을 지나가는 비로 씻기고
물기로 싱그러워진 나무까지 갖추고서
이 사람 다시 오기를 기다린다지

수구는 인운隣韻으로 압운하였다.

劍巖

冠岳多岐行易誤
吾行此山但一路
逶迤穿谷無起伏
覽物從容遊情裕
半路仰向巉巖看
每悔昔日何愚頑
不知何心欲登此
崖有闊隙踰甚艱
強踰忽覺身消力
恰如臨淵脚不安
欲退眼眩何移足
誠謂跋疐前後難
幸有傍人伸手引
跳向對壁方躋攀
踰後心怯不顧視
過了數里膽尙寒
追想此事嘆不已
山中亦學持身理
曾聞坐亦戒垂堂
此戒何翅千金子
日後須行蕩蕩道
慎勿行險脫常軌

관악산 칼바위

관악산은 갈림길이 많아
길을 잘못 들어서기 쉬우니
내가 이 산에 오를 때는
오직 다니던 길 하나만 따라간다
구불구불 골짜기를 뚫고 난 길
기복이 그다지 없어서
차분히 사물을 둘러보니
노니는 심사가 여유롭다

길 가운데서 고개 들어
깎아지른 칼바위를 올려다볼 때면
예전에 어찌 그리 어리석었던가 하면서
매번 후회를 하게 된다
그때 무슨 마음이 들어
거기를 오르고자 했을까
벼랑 사이에 큰 틈이 있어
넘기가 너무 어려웠는데
억지로 넘으려다 보니
갑자기 몸에 힘이 빠져버린 느낌
마치 깊은 못에 임하여
발이 불안해하는 것 같았지
돌아가려 해도 눈이 어질어질하니

어찌 발을 뗄 수 있으랴
진실로
진퇴양난의 상황이라 생각했지

다행히 옆에 사람이 있어
손을 뻗어 끌어주어
맞은편 절벽으로 뛰어넘어
겨우 오를 수 있었는데
넘고 난 뒤에도 겁이 나서
돌아보지 못했고
몇 리를 지나서도
간담이 서늘했지

이 일을 떠올려보면
탄식이 그치지 않으니
산속에서도
몸가짐의 도리를 배울 수 있었구나
앉을 때도 처마 밑은 조심하라는 말
들은 적이 있으니
그 깨우침이
어찌 천금의 귀한 자식에게만 해당하랴
앞으로는
탄탄대로만 걸어야 할 터
상궤常軌를 벗어나는 험한 짓은
절대로 하지 말아야겠다

관악산의 칼바위를 볼 때마다 간담이 서늘해졌던 옛일이 생각난다. 객기를 부리다가 낭패를 볼 뻔했는데, 이런 일이 길에서만 일어나겠는가? 모든 행위를 정도正道에 따라 해야 할 것이다.

'跋疐(발치)'는 '발호치미跋胡疐尾'의 줄임말이다. 이리가 앞으로 나가면 턱살이 밟히고 뒤로 물러나면 꼬리가 밟힌다는 뜻으로, 진퇴양난의 상황을 말한다. 《시경·낭발狼跋》에 이 어휘가 나온다.

'垂堂(수당)'은 처마 밑에 있는 자리를 뜻하는데 기와가 떨어질 수 있어 위험한 곳이다. '천금의 귀한 집 자식은 처마 밑에 앉지 않는다'라는 말이 있다. 《한서·원앙전袁盎傳》에 나오는 말인데 귀한 집 자식은 위험한 곳을 피한다는 뜻이다.

鼓浪嶼

海若鑿岩爲籟笙
噓風鼓響是長鯨
樂音奏動鮫人泣
邈邈滄波夜夜情

* 嶼在中國廈門嶼中有石洞海風拍之濤聲如雷(섬은 중국 샤먼에 있다. 섬 안에 석굴이 있는데, 해풍이 치면 파도 소리가 마치 우레처럼 들린다.)

고랑서

바다의 신 해약이 바위를 뚫어
피리를 만들었으니
거기에 바람을 불어넣어 소리를 내는 것은
큰 고래일 터

음악 소리가 나면
인어는 눈물을 흘리겠지
아득히 펼쳐진 푸른 물결에서
밤마다 정에 사무쳤으니

섬의 동굴을 피리처럼 불어 소리를 내려면 어마어마하게 큰 고래가 파도를 크게 흔들어 바람을 일으켜야만 가능하지 않을까?
'鼓浪嶼(고랑서)'는 중국 복건성福建省 샤먼[厦門] 시 부근에 있는 섬이다.
'海若(해약)'은 신화에 나오는 바다의 신이다.
'鮫人(교인)'도 신화에 나오는 인물로 몸은 사람인데 물고기 꼬리를 하고서 남쪽 먼바다에 산다. 실을 잘 짜고, 눈물을 흘리면 그 눈물이 진주珍珠가 된다고 한다.

登天遊峯

身在靈區活畵開
俯觀登頂興悠哉
嶄峰壓地巖千丈
細磴盤空雲幾堆
下嶂連崖靑矗矗
近川隨壑緩洄洄
至今羽客棲何處
經亘林邱多有臺

* 峰在武夷山(천유봉은 무이산에 있다.)

천유봉에 오르다

내 몸이 지금
살아 있는 그림이 펼쳐진 신령한 곳에서
아래를 둘러보며 산꼭대기에 오르니
흥취가 한없구나

깎아지른 이 봉우리가 땅을 누르니
그 바위는 천 길
좁은 돌계단이 구불구불 허공을 올라가는 곳에
구름은 몇 무더기인가
벼랑이 이어진 아래의 멧부리들
푸른 빛으로 여기저기 높이 솟아있고
가까이 흐르는 강물은 골짝을 따라
느릿느릿 휘돌아 흐른다

지금 선객仙客은
어디에 살고 있을까
끊임없이 이어진 숲 언덕에
많은 누대가 있으니

천유봉은 무이산에 있다. 신선이나 도인이 살 만한 곳이니, 지금도 필시 살고 있을 것이다. 하지만 비경祕境을 이룬 숲 언덕 곳곳에 누대가 있으니 도대체 어느 곳에 살고 있는지 알 길이 없다.
함련은 제2구의 '등정登頂'을 이어받고 경련은 '부관俯觀'을 이어받도록 시상을 배치했다.

次九曲歌韻 其一

六六峰環振古靈
三三溪曲至今淸
壺中幻夢何能久
醒後留連欸乃聲

* 武夷山有三十六峰與九曲溪(무이산에는 서른여섯 산봉우리와 아홉 굽이 시내가 있다.)

무이구곡가에 차운하다 제1수

서른여섯 둘러싼 봉우리는
태고 때부터 신령스럽고
아홉 굽이 계곡물은
지금도 맑다

병 속 선경에서 꾼 환몽幻夢이
어찌 오래 가리오
깨고 난 후 노 젓는 소리에
아쉬움만 남는다

무이구곡에서의 뱃놀이는 황홀했다. 제3구의 '壺中(호중)'은 호중천壺中天으로 별천지 別天地 또는 선경仙境을 뜻하는데, 동한 사람 비장방費長方의 전설에서 유래한 말이다. 비장방이 저자에서 약을 파는 노인이 장사를 마치면 가게에 매달아 둔 병 속으로 들어가는 것을 보고 그를 따라 들어갔더니 그곳에 별천지가 있었다고 한다. 무이구곡 의 뱃놀이는 꿈속에서 호중천壺中天에 잠시 놀다가 온 느낌이다. 깨고 나니 노 젓는 소리만 귀에 맴돌아 순식간의 환몽이 아쉽기만 하다.

[原韻]

武夷山上有仙靈
山下寒流曲曲清
欲識箇中奇絕處
棹歌閑聽兩三聲

[원운]

무이산 산 위에는
신선의 영기가 있고
산 아래 차가운 냇물은
굽이굽이 맑기만 하다

그 속의 기이한 데
알고자 한다면
뱃노래 두세 가락
조용히 들어 보라

주자의 원운이다.

次九曲歌韻 其二

九曲風光如畫然
人間樂土在平川
篙工竹筏沿流下
水底澄明自映天

* 平川地名(평천은 지명이다.)

무이구곡가에 차운하다 제2수

아홉째 굽이의 풍광이
그림 같으니
인간 세상 낙원이
평천에 있었구나

사공의 대나무 뗏목이
물결 따라 내려가는데
물 바닥까지 맑고 맑아
하늘이 절로 비친다

주자의 무이구곡가를 보면 일곱에서부터 물길을 거슬러 구곡까지 올라갔음을 알 수 있다. 지금은 대나무로 엮은 뗏목을 타고 구곡에서부터 물길을 따라 내려간다. 평천은 구곡에 있는데 주자도 그곳이 별천지라고 하였다.

[原韻]

九曲將窮眼豁然
桑麻雨露見平川
漁郎更覓桃源路
除是人間別有天

[원운]

아홉째 굽이 끝나려 하니
눈앞이 탁 트이고
비이슬 젖은 뽕밭 삼밭에
평천이 보인다

젊은 어부가
다시 무릉도원 길을 찾겠지만
이곳 아닌 인간 세상에
별천지가 또 있을까

次九曲歌韻 其三

八曲山隨流水開
自難應接眼忙廻
乳峰未辨他峰出
長幅靑屛忽過來

• 雙乳峰在八曲北邊(쌍유봉은 팔곡 북쪽에 있다.)

무이구곡가에 차운하다 제3수

여덟째 굽이의 여러 산이
흐르는 물길 따라 펼쳐지니
응접하기가 절로 어려워
눈길을 바삐 돌린다

유봉을 제대로 살펴보기도 전에
다른 봉우리가 나오니
긴 폭의 푸른 병풍을
빠르게 지나가는 듯

'응접불가應接不暇'라는 말이 《세설신어世說新語·언어言語》에 보인다. 왕희지의 아들이면서 유명한 서예가인 왕헌지王獻之가 산음山陰의 길을 따라 가면서 한 말로, 아름다운 경치가 연이어 나와 하나하나 접하며 감상할 겨를이 없다는 뜻이다. 아름다운 산이 연이어 펼쳐져 그야말로 푸른 병풍 같은 곳을 대나무 뗏목이 빠르게 스쳐가니 '응접불가'라는 찬탄이 절로 나온다.

[原韻]

　　八曲風烟勢欲開
　　鼓樓巖下水縈迴
　　莫言此處無佳景
　　自是遊人不上來

[원운]

여덟째 굽이에
바람 안개 걷히려 하니
고루암 아래에
감도는 물이 드러난다

이곳에 멋진 경치 없다
말하지 마라
유람객이 올라오지 않아
몰랐을 뿐이라네

次九曲歌韻 其四

　　七曲鍾奇蘸碧灘
　　樹光漾漾水中看
　　高峰迥絶塵寰外
　　誰得雲梯到廣寒

* 七曲有獺控灘(칠곡에 달공탄이 있다.)
* 高峰指三仰峰是武夷山最高處('고봉'은 삼앙봉을 가리킨다. 무이산에서 제일 높은 곳이다.)

무이구곡가에 차운하다 제4수

일곱째 굽이에 모여 있는 기이한 경물이
푸른 여울에 잠겼으니
반짝이는 나무 빛도
물속에서 보게 된다

높은 봉우리가
티끌세상을 아득히 벗어나 있으니
그 누구가 구름사다리 타고
광한궁廣寒宮에 오를까

칠곡에 있는 삼앙봉三仰峰이 무이산의 최고봉이다. 그 정상은 하늘과 닿아 있을 것이니 하늘로 오르는 구름사다리 같은 산길을 따라 정상에 오르면 혹 인간 세상을 벗어나 달나라에 있다는 광한궁廣漢宮에 갈 수도 있지 않을까?

[原韻]

七曲移船上碧灘
隱屏仙掌更回看
却憐昨夜峯頭雨
添得飛泉幾道寒

[원운]

일곱째 굽이에서 배 옮겨
푸른 여울을 오르다가
대은병과 선장봉을
다시금 돌아본다

지난밤 산꼭대기에 내린 비가
어여쁘니
날아서 내리는 차가운 물
몇 줄기를 더했겠지

次九曲歌韻 其五

六曲清流鳴玉灣
上飛小鳥響間關
美聲此具色何具
試看林中花態閑

무이구곡가에 차운하다 제5수

여섯째 굽이 맑은 물이
옥 같은 소리를 내는 물굽이
그 위로 작은 새가
지저귀며 날아간다

이것으로 아름다운 소리는 갖추었으니
아름다운 빛은 어디에 있나
숲속의 꽃 한가로운 그 맵시를
한번 쳐다보시게

새소리가 듣기 좋고 꽃의 모양새가 보기 좋으니, 별천지의 성색聲色이 다 갖추어졌다. 이 밖에 다시 무엇이 필요하겠는가?

[原韻]

六曲蒼屏繞碧灣
茅茨終日掩柴關
客來倚棹巖花落
猿鳥不驚春意閑

[원운]

여섯째 굽이 푸른 병풍산
푸른 물굽이 둘러싼 곳
초가집은 하루 종일
사립문이 닫혀있다

객이 와 배 저으니
바위의 꽃만 떨어질 뿐
원숭이도 새도 놀라지 않고
봄 정취가 한가롭다

次九曲歌韻 其六

　　　　五曲屛峰道氣深
　　　　此間精舍甲儒林
　　　　追攀偉躅徒賡和
　　　　鄙識何窺奧妙心

* 五曲北岸有隱屛峰武夷精舍坐落其處(오곡 북쪽 계곡 언덕에 은병봉이 있다. 무이정사는 그곳에 자리 잡고 있다.)

무이구곡가에 차운하다 제6수

다섯째 굽이 은병봉에
도의 기운이 깊으니
이곳의 정사가
유림에서 으뜸이다

큰 발자취 좇아가고자 하여
그저 시를 이어 지을 뿐
비루한 식견으로
어찌 오묘한 마음을 엿보겠는가

오곡 은병봉에 주자의 무이정사가 있다. 주자의 높은 학문의 경지를 엿볼 수나 있겠는가? 그저 차운하여 시를 지었을 뿐이다.

[原韻]

　　五曲山高雲氣深
　　長時烟雨暗平林
　　林間有客無人識
　　欸乃聲中萬古心

[원운]

다섯째 굽이 산은 높고
구름 기운 깊으니
오래도록 안개비가
평림에 자욱하다

숲속에 객 있어도
알아보는 사람 없고
뱃노래 소리에
만고의 마음 담겼다

次九曲歌韻 其七

四曲道經藏巨巖
金鷄報曉羽毿毿
仙人坐石將釣月
却使畏龍深臥潭

- 四曲有大藏峰相傳道家經傳藏於此峰中有金鷄洞其下有臥龍潭是九曲最深處(사곡에 대장봉이 있는데, 전해지는 이야기로는 도가 경전이 이곳에 보관되어 있다 한다. 그 봉우리 안에 금계동이 있고 그 아래에 와룡담이 있는데 이곳이 구곡에서 제일 깊은 곳이다.)
- 四曲北邊有仙釣臺(사곡 북쪽에 선조대가 있다.)

무이구곡가에 차운하다 제7수

넷째 굽이에는
도가 경전이 큰 바위에 감춰져 있고
털이 긴 금계가
날 밝았음을 알린다

선인이 바위에 앉아
달을 낚으려 하니
용이 도리어 겁을 먹고
못 속 깊이 몸을 누였겠지

사곡에는 이런저런 전설이 많다. 선인이 달을 낚으려 낚싯대를 드리우자 물속 용은 자기를 잡으려나 하는 두려움에 못 속 깊은 곳에 숨죽이고 있지나 않았을까? 제3구의 요拗를 제4구의 제5자를 평성으로 하여 구救하였다.

[原韻]

四曲東西兩石巖
巖花垂露碧㲯毵
金鷄叫罷無人見
月滿空山水滿潭

[원운]

넷째 굽이의 동쪽 서쪽
두 바위산
바위의 꽃에 이슬이 드리우고
푸른 풀이 늘어졌다

금계가 울었건만
본 사람은 없고
빈산에 가득한 달빛
그리고 못에 가득한 물뿐이다

次九曲歌韻 其八

三曲古棺形似船
深藏崖隙不知年
芳魂乘濟到何處
此世浮生堪自憐

- 三曲有小藏峰其絶崖上保存船形棺材土人謂之架壑船(삼곡에 소장봉이 있다. 그 절벽에 배 모양의 관이 보존되어 있는데, 그 지역 원주민은 그것을 가학선이라 한다.)

무이구곡가에 차운하다 제8수

셋째 굽이에 있는
배 모양의 오래된 관
벼랑 틈에 깊숙이 감추어 둔 게
언제부터인지 모른다

향기로운 혼이 이 배를 타고 건너서
어디로 갔을까
이 세상 정처 없는 삶이야
스스로 가련타 하리라

이 지역의 장례 풍습은 시신을 배 모양의 관에 담아 절벽에 매달아 둔다고 한다. 물이 많은 지역이라 영혼이 배를 타고 피안으로 건너가라는 뜻이 아닐까?

[原韻]

　　三曲君看架壑船
　　不知停棹幾何年
　　桑田海水今如許
　　泡沫風燈敢自憐

[원운]

셋째 굽이에서
그대는 가학선을 보거라
노 젓지 않은 지가
몇 해인지 모르겠다

바다가 지금 이처럼
뽕밭이 되었으니
물거품과 바람 등불 같은 인생
감히 가련타 하겠는가

次九曲歌韻 其九

　　二曲降仙爲玉峰
　　孤臨鏡水照愁容
　　山雲山雨終虛在
　　相隔情人恨又重

* 二曲有玉女峰一曲有大王峰相傳天上玉女與此處大王遇逢相愛玉女竟居人間不返天上上帝聞此大怒而令道人化玉女與大王爲石峰(이곡에 옥녀봉이 있고 일곡에 대왕봉이 있다. 전해지는 이야기로는, 천상의 옥녀가 이곳의 대왕과 우연히 만나 사랑하게 되어 옥녀는 마침내 인간 세상에 살며 천상으로 돌아가지 않았다. 상제가 이 사실을 듣고 크게 노하여 도인을 시켜 옥녀와 대왕을 바위 봉우리로 만들었다고 한다.)

무이구곡가에 차운하다 제9수

둘째 굽이에 내려온 선녀가
옥녀봉이 되었으니
거울 같은 물 옆에 외로이 서서
시름 어린 얼굴 비춘다

산 구름과 산 비는
끝내 헛되었으니
정인과 떨어져
애달프고 애달프다

무산신녀巫山神女가 초楚나라 왕과 하룻밤 잠자리를 함께 한 뒤 헤어지면서 자신은 아침에는 무산의 구름이 되고 저녁에는 무산의 비가 된다고 하였다. 운우지정雲雨之情이라는 말이 생긴 유래이다. 옥녀와 대왕이 돌로 변해 떨어져 있으니 다시는 만나 운우지정을 나눌 길이 없다. 물에 비친 옥녀봉의 아름다운 모습이 보는 사람의 마음을 아프게 한다.

[原韻]

　　二曲亭亭玉女峯
　　挿花臨水爲誰容
　　道人不復荒臺夢
　　興入前山翠幾重

[원운]

둘째 굽이에
우뚝 선 옥녀봉
꽃을 꽂고 물 굽어보니
누구 위해 단장 했나

도인은
황대의 꿈을 다시는 꾸지 아니하여
흥을 타고 앞산에 드니
그 푸름이 몇 겹인가

次九曲歌韻 其十

一曲津頭見泊船
嗟知遊汎盡長川
恍如峰頂虹曾斷
仙宴風情失霧煙

• 一曲有幔亭峰按武夷山記秦始皇時武夷君設宴峰頂招待鄉人架虹橋於空中以接人上山宴罷鄉人辭別下山忽然風雨至虹橋斷絶飛去鄉人回視山上寂寂如初(일곡에 만정봉이 있다. 《무이산기》를 보면, 진시황 때에 무이군이 봉우리 정상에 잔치를 베풀고 마을 사람을 초대하면서 허공에 무지개다리를 설치하여 사람들을 산 위로 맞이하였다. 잔치가 끝난 뒤 마을 사람이 작별하고 산을 내려갔는데 갑자기 비바람이 이르러 무지개다리는 끊어져 날아 가버렸고, 마을 사람이 돌아보니 산 위는 처음처럼 적적하였다고 한다.)

무이구곡가에 차운하다 제10수

첫째 굽이 나루터에
정박한 배가 보이니
뱃놀이가 긴 내를 다 지나왔음을
아쉽게도 알겠다

만정봉 꼭대기의 무지개가 끊어진 뒤
신선 잔치의 갖가지 풍정이 연무 속에 사라졌지
그때의 일 같아
오늘의 유람이 덧없기만 하구나

꿈 같은 여정이 끝났다. 만정봉 신선의 잔치 자리 같이 덧없어서 아쉬운 마음이 든다.

[原韻]

一曲溪邊上釣船
幔亭峰影蘸晴川
虹橋一斷無消息
萬壑千巖鎖翠烟

[원운]

첫째 굽이 물가에서
낚싯배에 올라타니
만정봉 그림자가
맑은 날 시내에 잠겨 있다

무지개다리 끊어지자
소식이라곤 없고
만 골짝 천 봉우리는
푸른 연무 속에 갇혀있다

八月十五日夜

桂影高懸好景開
最團圓夜此重來
涼風起思望桑域
華露憐時步月臺
流水卅年只衰鬢
清光千里又濃醅
已知京洛非吾土
歸夢何堪佳節催

팔월 십오일 밤

계수나무의 달이 하늘에 높이 걸려
좋은 광경 펼치니
그 모습 가장 둥근 밤이
오늘 다시 왔구나

서늘한 바람이 그리움 일으켜
고향 쪽을 바라보면서
이슬 아름다운 이때가 좋아
달 아래 누대를 거닌다

흐르는 물 같은 삼십 년 세월에
허예진 머리카락뿐
천 리에 맑은 달빛 비치니
오늘 밤 또 진한 술

서울이 내가 살 땅이 아님을
이미 알고 있으니
고향 돌아가는 꿈을
이 좋은 절기가 재촉하면 어찌 견디랴

제5구는 요구拗救를 하였다.
'桂影(계영)'은 달을 뜻한다.
'桑域(상역)'은 고향 땅이 있는 지역이다.

戲答鴻山
鴻山閱吾與芸庭近作詩後戲作見贈

文比飯而詩比酒
酒雄始可稱詩英
吾君吟詠篇篇好
醉氣融情得最評

장난삼아 홍산에게 답하다
홍산이 나와 운정의 근작시를 본 후에 장난삼아 시를 지어서 내게 주었다.

문장은 밥에
시는 술에 견주니
술의 영웅이라야
시의 영걸이 될 만하지

그대가 읊은 시
편마다 다 좋거니와
취기가 시정詩情에 녹아든 게
가장 높은 평을 받는다오

청淸 나라 문인 오교吳喬가 《위로시화圍爐詩話》에서 "사람의 생각을 쌀이라고 하면, 문장은 불을 때서 지은 밥이고 시는 발효시켜 빚은 술이다. 밥은 쌀의 모양이 변하지 않은 상태지만 술은 완전히 변한 것이다."라고 하였다.

[原韻] 戲贈韻山芸庭兩人兼示諸盇

道汝登臨兼相片
伯眞經涉摘詩英
吾人裏足强貪酒
失態無邊招酷評

* 芸庭權寧樂雅號道汝其字(운정은 권영락의 아호이고, 도여는 그의 자이다.)

[원운] 운산과 운정 두 사람에게 장난삼아 지어서 주고 아울러 이 시를 여러 벗에게 보이다

도여는 산에 오르고 물에 임할 때
사진도 곁들여 찍고
백진은 두루 다니면서
시의 꽃을 따시는구나

나는 발을 싸맨 채 나가지 못하고
애써 술만 탐하고 있으니
한없이 면목을 잃어
혹평을 부른다

午後鴻山以電話請登冠岳時予昧然不知今日是何日登高坐定後鴻山取出酒瓶於書囊曰又持帽子來可以效孟嘉事共飲而談古士風流不覺月掛天空

  那知此日是重陽
  不意登高展興長
  將盡活泉流谷響
  漸多枯葉染林黃
  龍山曾笑風吹帽
  彭澤應銜菊泛觴
  猶有茱萸供徧插
  至今誰又向東望

오후에 홍산이 전화하여 관악산에 오르자고 하였다 당시 나는 오늘이 무슨 날인지 전혀 모르고 있었다 높은 곳에 올라 좌정한 후 홍산이 책가방에서 술병을 꺼내면서 말하기를 모자도 가져왔으니 맹가의 일을 따라 할 수 있을 것이라고 하였다 함께 술을 마시면서 옛 선비의 풍류를 이야기하다 보니 하늘에 달이 걸려 있는지도 알지 못했다

이날이 중양절인 줄
어찌 알았겠는가
뜻밖에 산에 올라
좋은 흥취를 펼치게 되었다

솟아나는 샘물이 골짝을 흐르는 소리
사라져 가는 이 시절
마른 잎이 숲을 노랗게 물들이는 풍광
점점 많아진다

바람에 모자 날아간 것 보고
용산에서 웃었던 일 있거니와
팽택이라면
오늘 필시 국화를 띄운 술잔을 물었겠지

모두 꽂을 수 있도록
지금도 수유는 있지만

그 누가 있어

동쪽 고향 집을 바라보겠는가

생각지도 못했는데, 홍산 덕에 중양절을 즐기며 맹가, 도연명, 왕유 등 고인의 풍류를 음미하였다.

시제의 '孟嘉事(맹가사)'는 '맹가낙모孟嘉落帽'의 고사로 《진서晉書·맹가전孟嘉傳》에 나온다. 맹가가 진나라 환온桓溫의 참군參軍으로 있을 때 일이다. 환온이 중양절에 용산龍山에서 모든 막료가 참가하는 큰 잔치를 열었다. 잔치가 한창일 때 갑자기 바람이 일어 맹가가 쓰고 있던 모자가 땅에 떨어졌다. 옛날 중국에서는 모자가 벗겨지면 체면을 손상한다고 여겼다. 그런데도 맹가는 이를 모른 채 계속 술을 마시며 흥겨워하였다. 환온이 이 모습을 보고 있다가 그가 볼일이 있어 자리를 비운 사이에 손성孫盛에게 맹가를 조롱하는 글을 짓게 하였다. 돌아와서 이 글을 본 맹가는 전혀 개의치 않고 즉석에서 글을 지어 답하였는데 그 글이 뛰어나서 놀라 탄복하지 않는 사람이 없었다.

도연명陶淵明은 팽택 현령을 지낸 적이 있다. 그의 〈飮酒(음주)〉 일곱 번째 시에서 "秋菊有佳色, 裏露掇其英. 汎此忘憂物, 遠我遺世情.(가을 국화 곱기도 하여 이슬 맺힌 꽃잎을 딴다. 시름 잊게 해주는 술에다 띄워 마시니 속세를 멀리 떠난 심정 더욱 유유하구나.)"이라고 하였다.

당나라 시인 왕유王維는 〈九月九日憶山東兄弟(구월구일억산동형제)〉 시에서 "遙知兄弟登高處, 徧插茱萸少一人.(고향의 형제가 등고한 곳에서 모두 수유 열매를 꽂을 때 한 사람이 모자람을 멀리서도 알겠다.)"이라고 하였다. 동쪽 고향을 바라보며 형제 중에 자신만 객지에 있는 아픈 심사를 표출한 것이다.

十日又作寄鴻山

日暉和煦勝春陽
昨坐秋山興意長
物候隨時每來往
人生繼代在玄黃
半衰何灑俯城淚
四美須巡登閣艡
又待明年共採菊
晴空曠闊醉心望

* 俯城淚卽牛山淚('부성루'는 '우산루'이다.)

열흘날에 다시 지어 홍산에게 부치다

햇빛이 따사한 게
봄볕보다 좋았으니
어제 가을 산에 앉았을 때
흥취가 유장하였다

절기는 때를 따라
매번 오고 가거니와
사람은
대를 이어 천지간에 살아가니
내 몸이 이미 반은 노쇠했다고
짧은 인생을 탄식하며 우산牛山의 눈물 뿌릴 것인가
네 가지 아름다움이 갖추어졌을 때는
등왕각滕王閣에 올랐을 때처럼 술잔 돌려 마셔야지

내년 이날을 또 기다리니
국화를 함께 캐고서
맑은 가을 하늘이 멀리까지 탁 트인 광경을
취한 마음으로 바라보리라

중양절 다음 날인 음력 9월 10일에 다시 앞 시의 운을 차운하여 지었다. 제3구는 요구拗救를 하였다.
'俯城淚(부성루)'는 '우산루牛山淚'를 말한다. 《안자춘추晏子春秋》를 보면, 제경공齊景公이 우산에 올라 도성을 내려다보면서 그것을 버리고 죽게 되었다고 탄식하며 눈물을

흘렸다고 한다. 후에 이 고사는 인생의 짧음을 탄식하는 심사를 비유한다.

'四美(사미)'는 네 가지 아름다운 것, 즉 좋은 시절[良辰], 아름다운 경치[美景], 감상하고 즐기는 마음[賞心], 즐거운 일[樂事]을 이르는데, 남조 송宋 나라 시인 사영운謝靈運의 글에 처음 이 말이 쓰였다. 당唐 나라 시인 왕발王勃은 중양절에 지은 <등왕각서滕王閣序>에서 "네 가지 아름다움을 갖추었고 두 가지 어려움도 아울렀다.(四美具, 二難幷.)"라고 하였는데, 두 어려움이란 만나기 어려운 어진 주인과 좋은 손님을 말한다.

醉看山楓

　　幾盞醉酣忘賞楓
　　不知山待夕陽中
　　涼風乍醒廻頭望
　　秋意醺醺全染紅

술에 취한 채 산의 단풍을 보다

몇 잔을 마셨던가
얼큰하게 취하다 보니
단풍 즐기러 온 것도 잊어버려
산이 석양 속에서 나를 기다리고 있는 것을
알지 못했다

서늘한 바람에 술이 잠시 깨어
고개 돌려 바라보니
가을 기운에 취했는지
산이 온통
붉게 물들어 있다

─────
단풍 구경 왔다가 산 아래 주막에서 술만 마시고 있었으니 산이 얼마나 서운했을까?

題玄巖精舍

基州書院甲吾東
今睹新開典敎宮
師訓循循鐘叩若
徒從勉勉鼓鳴中
培材先導大人道
偃草咸歸君子風
庭畔栽松雖尙幼
將來應遂棟梁功

* 精舍在東洋大學校內(정사는 동양대학교 교내에 있다.)
* 鐘叩語參看禮記('종고'라는 말은 《예기》를 참고하라.)
* 鼓鳴語用後漢董春事('고명'이란 말은 후한 동춘의 고사를 사용하였다.)

현암정사에 제하다

기주의 서원은
우리 동국東國에서 으뜸이었는데
이곳에 새로 연 교육의 전당을
오늘 눈으로 보는구나

종을 치는 것에 반응하듯이
스승이 차근차근 가르치시니
북을 쳐서 수업을 알리면
생도는 부지런히 따르는구나

재목을 기르려고
대인의 도를 앞서 이끄니
풀이 바람에 눕듯
모두 군자의 인품에 귀의한다

정원 가에 심은 소나무
비록 아직은 어리지만
장래엔
필시 동량의 일을 해내리라

자하시사 여러 회원이 시회를 하기 위하여 동양대학교 교내에 있는 현암정사에서 묵었다. 동양대학교는 소수서원의 학풍을 잇고자 설립하였다고 한다. 현암은 학교 설립자인 최현우崔鉉羽 선생의 아호이다.

'基州書院(기주서원)'은 소수서원紹修書院을 말한다. '기주'는 풍기豊基의 옛 이름이다. '典敎宮(전교궁)'은 동양대학교를 가리킨다. 동양대학교는 예전의 풍기가 속한 영주시에 위치한다.

《예기·학기學記》에 "善待問者如撞鐘, 叩之以小者則小鳴, 叩之以大者則大鳴.(질문에 잘 응대하는 스승은 종을 칠 때처럼 하니, 작은 것으로 치면 작게 울리고 큰 것으로 치면 크게 울린다.)"이라는 말이 있다. '鐘叩(종고)'는 바로 이 뜻이며, 질문의 내용에 맞추어 차근차근 지도하는 것을 말한다.

'鼓鳴(고명)'은 북을 울린다는 뜻으로 수업이 시작됨을 뜻한다. 후한 사람 동춘董春은 뛰어난 학자였는데 귀향하여 정사를 세웠다. 학생이 늘 수백 명에 달하였는데, 북을 세 차례 치고 수업하였다고 한다.

'偃草(언초)'는 바람에 쏠려 쓰러지는 풀이라는 뜻으로, 사람이 잘 교화되는 것을 비유한다. 《논어·안연顔淵》에 "君子之德風, 小人之德草, 草上之風, 必偃.(군자의 덕은 바람이요, 소인의 덕은 풀이다. 풀 위로 바람이 불면 풀은 바람 부는 방향을 따라 반드시 눕게 마련이다.)"이라는 말이 있다.

玄巖精舍雅集

小白山南竹嶺東
翬飛檐瓦構庠宮
諸生學敏晨昏後
君子樂求詩禮中
千里延賓傾厚誼
一心頌主浥淸風
聯吟卷軸玆咸祝
恢廓愼齋開始功

* 愼齋周世鵬先生雅號先生曾建白雲洞書院後賜額改稱紹修(신재는 주세붕 선생의 아호이다. 선생이 백운동서원을 지었는데 나중에 임금의 편액이 내려와 소수라고 이름을 바꾸었다.)

현암정사에서의 모임

소백산 남쪽
죽령의 동쪽
날아갈 듯한 기와 처마가 멋들어진
학교 건물을 지었으니
생도들은 부모님을 봉양한 뒤에
열심히 배우고
군자인 스승은
시와 예에서 낙을 찾는다

천 리 먼 길 손을 불러주시어
두터운 정을 진심으로 베푸시니
한마음으로 주인을 칭송하며
그 맑은 인품에 젖어 들어
서로 이어서 읊어
시축詩軸을 만들고
신재 선생이 처음 시작한 공을 크게 넓히라고
모두가 함께 축원한다

앞 시의 운을 차운하여 지었다. 동양대학교가 신재 주세붕 선생이 지은 소수서원의 전통을 계승하기를 바란다. 현암정사는 한식 건축물로 모양이 아름답고 정교하다.
'翬飛(휘비)'는 지붕의 처마가 새가 날개를 펼치고 나는 것 같은 모습임을 뜻한다. 《시경·사간斯干》에 이 말이 나온다.
'晨昏(신혼)'은 '신혼정성晨昏定省'의 줄임말로, 아침저녁으로 부모를 살피고 봉양하는 것을 뜻한다. 《예기·곡례상曲禮上》에 이 말이 나온다.

玄巖精舍雅集詩軸贈東洋大理事長玄巖公

紫霞詩社諸員拜訪東洋大理事長玄巖公爲校內精舍設詩會事故也精舍
數間卽典禮講學所瓦蓋松楹規模儼然大匠手作也公對客寬禮數欣許用
室諸員共感德宇又贊育英志諸詩多有頌語自爾也

白山在北鶴山東
勝地占爲學舍宮
雲氣崢嶸遐嶺外
松光瀟灑近庭中
擊蒙振作榮豊俗
養正長傳鄒魯風
高唱菁莪成雅會
衆人盛讚主翁功

* 白山指小白山鶴山指鶴駕山('백산'은 소백산을 '학산'은 학가산을 가리킨다.)
* 榮豊地名('영풍'은 지명이다.)

현암정사에서의 모임을 읊은 시축을 동양대 이사장인 현암공께 드리다

자하시사의 여러 회원이 동양대 이사장인 현암공을 예방하였으니, 교내 정사에서 시회를 여는 일 때문이었다. 정사는 몇 칸으로, 의식을 행하고 강학하는 곳이다. 기와지붕과 소나무 기둥으로 지은 모양새가 반듯하였으니, 큰 장인의 솜씨였다. 공은 손을 후한 예로 대하여 방을 쓰도록 흔쾌히 허락하였다. 회원들은 그의 큰 도량에 감동하였고 또 영재를 기르는 뜻을 기렸으니, 여러 시에서 송찬의 말이 많은 것은 절로 그렇게 된 것이다.

소백산은 북쪽에
학가산은 동쪽에 있어
좋은 땅을 점쳐서
학교 집을 지었다

먼 고개 너머를 보니
구름이 높이 떠 있고
가까운 뜰에 심은 솔은
기운이 맑고 깨끗하다

몽매한 마음 일깨워
영주와 풍기의 풍속을 진작시키고
바른 마음 길러
공맹의 풍속을 오래도록 전하려 하는 곳

인재를 육성하는 기쁨을 소리 높여 노래하면서
아취 있는 모임을 하니

뭇사람 모두
주인어른의 공을 크게 송찬하는구나

시사 회원이 현암공에게 감사의 뜻을 표하기 위해 시축을 증정하기로 했다. 운자는 내가 앞서 쓴 시를 차운하기로 하였기에 나도 새로 한 수를 더 지었다. 시축의 서문은 내가 짓고 소남이 글씨를 썼다.
'擊蒙(격몽)'과 '養正(양정)'은 《주역》 '몽蒙'괘에 나오는 어휘이다.
'菁莪(청아)'는 《시경》에 있는 <菁菁者莪(청청자아)>로, 인재를 육성하는 즐거움을 읊은 시이다.

[川步韻]

崢嶸小白槿邦東
九曲淸流繞學宮
傍設校庠丘壑上
又開精舍樹林中
蓮峰永吐千秋月
竹水長含百世風
物富基州今莫論
文華從此自成功

높은 소백산이
우리나라 동쪽에 있는데
거기서 흘러나온 아홉 굽이 맑은 물
학궁을 감싸고 흐른다

그 옆 언덕 위에
학교를 짓고
또 숲 속에
정사를 열었다

연화봉은
천추의 달을 길이 토해 내고
죽계수는 백세의 바람을
길이 머금고 있다

영주에 물산이 풍부하다는 사실
더 이상 논하지 말라
아름다운 문화가 여기로부터
절로 그 공을 이룰 것이니

　　정상홍 교수가 지은 시이다.
　　'蓮峰(연봉)'은 소백산 연화봉을 가리킨다. '竹水(죽수)'는 죽계竹溪를 뜻한다. 죽계는 소백산에서 발원하여 아홉 굽이를 이루며 흘러내리기에 '죽계구곡竹溪九曲'이라 한다.

[葛山韻]

玄翁高志卓吾東
積德多年建校宮
長繞祥雲青嶺下
常含靈氣白山中
講經論道承儒脈
進正排邪振士風
萬里壯圖從健步
將看永世立豊功

우리 동국에 우뚝한
현암옹의 높은 뜻
여러 해 덕을 쌓아
교사校舍를 건립하였다

푸른 죽령 고개 아래로
상서로운 구름이 길이 감돌고
소백산 산속은
신령한 기운을 늘 품고 있다

경전을 강독하고 도를 논하며
유가의 맥을 잇고
바른 이를 나아가게 하고 삿된 자를 물리쳐서
선비의 기풍을 진작시킨다

만 리의 장대한 계획을
씩씩한 걸음으로 이룰 터
영원토록 세워질 큰 공을
앞으로 보게 되리라

　　　이남종 교수가 지은 시이다.

[小南韻]

紹修千載振吾東
舊學宮邊又一宮
輪奐自連山影外
咿唔不絕水聲中
榮豊永照明心月
鄒魯何專偃草風
三樂志高兼下士
人人咸頌主翁功

소수서원의 학풍이
천년토록 우리 동국에 떨쳤는데
옛 서원 옆에
다시 또 학교를 지었구나

크고 많은 건물이
산 그림자 너머로 이어지고
글 읽는 소리가
물소리 속에 끊이지 않는다

영주 풍기에
마음을 밝히는 달이 늘 비치니
추로의 땅에만
풀을 눕히는 바람이 있겠는가

군자삼락의 높은 뜻
우리같이 하찮은 이도 아울러 갖게 하니
현암공의 공덕을
모두 함께 송찬한다

   이세동 교수가 지은 시이다.

[鴻山韻]

基州自古近牆東
雛鳳豊多起學宮
白鶴能親靑嶺上
盤松可撫廣庭中
講經豈負賢人意
傳道最須君子風
玄叟勞心終始一
龍門筆表養才功

기주는
옛날부터 은거할 만한 외진 곳이었는데
어린 봉황이 많다 보니
학교를 세웠구나

푸른 고개 위의 흰 학
가까이 할 수 있고
넓은 정원에 서려 있는 소나무
어루만질 만하다

경전을 강독하면서
어찌 현인의 뜻을 저버리리오
도를 전하려면
군자의 기풍이 필요하지

현암 어르신 애쓴 마음
시종 한결같으니
용문의 붓이
인재 양성의 공을 표창하리라

강성위 박사가 지은 시이다.
'白鶴(백학)' 구는 학가산을 두고 한 말이다.
'龍門筆(용문필)'은 사마천司馬遷의 붓이란 뜻으로 사관의 평가를 말한다.

[芸庭韻]

勝地基州甲海東
玄翁卜地設庠宮
白山澄水鳴庭裏
靑嶺祥雲入室中
勤勉諸生涵德性
溫恭君子布仁風
無休切琢薰陶處
爲學開筵遂俊功

승지勝地로는
기주가 해동에서 으뜸인데
현암옹이 좋은 곳을 점쳐
학교를 지었다

소백산 맑은 물이
뜰 안에 울리고
죽령 푸른 고개의 상서로운 구름이
교실 안으로 들어온다

부지런히 노력하는 여러 생도
덕성을 함양하고
온화하고 공손한 군자는
어진 교화를 펼친다

쉬지 않고 절차탁마하며
바른 품성을 기르는 곳
배움을 위해 자리를 열었으니
큰 공을 이루리라

　　권영락 선생의 시이다.

卯酒

吾口常時貪麴香
獨斟卯酒最爲良
一杯滿醉登仙境
職事皆拋勝汝陽

아침 술

내 입은 아무때나
누룩 향을 탐하지만
묘시에 혼자 따라 마시는 술이
가장 맛이 좋아라

한 잔이면 만취하여
신선의 경지에 올라서
직장 일 다 팽개치니
여양왕보다 낫구나

'卯酒(묘주)'는 묘시에 마시는 술, 즉 이른 아침에 마시는 술이다.
'汝陽(여양)'은 여양왕汝陽王 이진李璡을 가리킨다. 그는 당 현종玄宗의 조카이다. 두보는 〈飮中八仙歌(음중팔선가)〉에서 "汝陽三斗始朝天.(여양왕 이진은 세 말 술 마시고서야 비로소 조회에 참석한다.)"이라고 하였다.
술의 신선이라는 여양왕은 세 말을 마시고도 조회에 참석했으니, 묘주 한 잔에 신선의 경지에 올라 직장에 출근하지 않는 내가 더 낫지 않은가?

秋日遊平昌方亞藥泉遇逢早雪

邀我秋山許雪迎
爲酬遠客侑遊情
楓林赤染天工色
樅徑寒含地籟聲
橋石滑行移履苦
井泉奇味飮瓢驚
皚暉商氣已詩韻
雖欲和吟誰可賡

가을이 나를 산으로 부르기에 갔더니, 때 이른 눈이 내리고 있었다. 먼 길을 마다않고 찾아온 것을 가상하게 여겼나 보다. 그래서 눈이 일찍 내려와 나를 맞이해도 좋다고 특별히 허락했겠지.
하얀 눈과 붉은 단풍이 어우러져 천연天然의 시를 빚어내었다. 시를 지어 함께 수작하고 싶지만 사람의 솜씨로 어찌 그것을 이어받아 지을 수 있겠는가?

가을날 평창의 방아다리 약수터에 놀러 갔다가 우연히 이른 눈을 만나다

가을 산이 나를 부르고는
눈이 나를 맞이하게 허락하였으니
멀리서 온 객에게 보답하느라
노니는 정취를 돕고자 해서이지

하늘의 장인이 칠한 붉은 빛으로
단풍 숲이 물들었고
땅의 피리가 부는 차가운 바람 소리를
전나무 샛길이 머금고 있다

돌다리가 다니기에 미끄러워서
신발 떼기가 괴로웠지만
우물 샘 맛이 기이하여
표주박으로 마시다가 놀란다

새하얀 눈빛과 가을 기운이
절로 만들어 낸 시의 운치
화답하여 읊고자 해도
천연天然의 그 시를 누가 이어서 짓겠는가

方亞藥泉卽事

  藥泉味異人間水
  上有荒祠不記年
  驚眼風光藏僻地
  始知身入在壺天

방아다리 약수터에서 즉흥으로 짓다

약수 샘의 맛
인간 세상의 물과 다르고
약수터 위에 있는 황폐한 사당은
얼마나 세월이 흘렀는지 알 수가 없다

눈을 놀라게 하는 풍경이
외진 이곳에 감추어져 있었으니
내 몸이 별천지로 들어왔음을
이제 비로소 알겠다

'壺天(호천)'은 별천지別天地를 말한다.《후한서後漢書·방술전方術傳》을 보면, 비장방費長房이 호공壺公이라는 약장수 노인을 따라 그가 사는 호리병 속에 들어가 보았더니 그곳에는 고래 등 같은 기와집에 진수성찬이 차려져 있었다고 한다.

可山古宅有感

文囿遺踪不泯芳
居村成市已滄桑
瑩蕎月照新田擴
高樹風蕭古宅荒
贋磓碎灰施路店
肥驢嚼荳圍欄場
噫嘻啖麵遊人滿
誰惜天才弔夭殤

* 可山李孝石之雅號('가산'은 이효석의 아호이다.)
* 詩中數物出於其著名小說(이 시에 나오는 몇 가지 사물은 그의 유명한 소설에 나오는 것이다.)
* 今日路上酒店有碓碎石其粉巧肖蕎粉(지금 길가 주점에 돌을 가는 방아가 있는데 그 가루가 메밀가루와 아주 비슷하다.)
* 又有驢繫柵場以誘客(또 나귀를 울타리 친 마당에 매어 손님을 끌고 있다.)

가산 고택에서의 감회

글의 동산에 남긴 발자취
그 향기는 사라지지 않았지만
그가 살았던 마을은 저자가 되어
이미 엄청나게 변했으니
달빛 받아 반짝이는 메밀꽃 밭은
넓혀 가는데
바람 쓸쓸히 부는 높다란 나무뿐인 고택은
황량하기만 하다

돌가루 가는 가짜 방아를 만들어 놓은
길가의 가게
여물을 씹는 살진 나귀를 가두어 기르는
울타리 친 마당
그곳에서 메밀국수 먹으며 즐거워하는
유람객은 가득한데
그 누가 천재를 아껴
일찍 죽은 그의 삶을 애도하려나

半夜欲飲近處無酒侶請川步鴻山用電話共談笑而各在其所飲杯酒兩友欣然受諾

電話相通勸飲頻
酒筵談笑具三人
酣酣醉態今何若
附耳傳聲更可親

한밤중에 술을 마시고 싶었으나 근처에 술벗이 없어 천보와 홍산에게 전화를 통해 담소를 함께 하되 각자 있는 곳에서 술을 마시자고 청하니 두 벗이 흔쾌히 수락하였다

전화로 말을 주고받으며
권커니 잣거니 술을 비우니
술자리에서 담소를 나누는데
세 사람을 갖추었구나

달게 취한 모습
지금 어떨까
귀에 대고 전하는 소리
더욱 친근하구나

이백은 혼자 마시기가 싫어서 달과 그림자를 불러 놓았다. 그의 〈月下獨酌(월하독작)〉에 나오는 이야기이다. 셋을 만들려고 굳이 무정물無情物까지 동원할 필요가 없으니, 과학기술 시대에 사는 보람을 새삼 느낀다.

述懷示葛山

孤技戒黔驢
散材希野樗
人俱鬪蠻觸
吾獨夢華胥
阿世名場役
全生醉域居
寧爲狂太白
莫學病相如
情似雨雲變
交隨貧富疎
詩書期自樂
簪紱忌虛譽
衰鬢豈須鑷
佗心猶可鋤
斗筲何取侮
儋石不憂儲
雖戀林泉美
常拘廈屋渠
身將外塵軌
地已少喧車
下士無知者
高風能論諸

濠梁嘗說理
莊嘆惠非余

감회를 말하여 갈산에게 보이다

검주 나귀의 잘난 기량을
경계하며
들판의 가죽나무처럼 쓸모없는 재목이 되기를
바랐으니
세상 사람이
모두 하찮은 일로 다툴 때
나만 홀로 화서의 나라
그 무위無爲의 세계를 꿈꾸었다

세상에 아첨하다 보면
명성 좇는 곳에서 몸을 부려야 하는 법
술에 취해 살며
내 삶을 온전히 하였으니
차라리
미친 짓 하는 이백이 될지언정
병든 사마상여의 신세는
배우지 말아야지

사람의 정이란
비구름처럼 변하고
사귐은
빈부에 따라 소원해지니

시와 서를 읽으면서
내 스스로 즐길 일을 찾고
벼슬자리의 헛된 명예는
꺼려야 한다

살쩍이 쇠했지만 어찌 반드시 뽑아야 하겠는가
살쩍이야 그리할 게 없지만
사치스런 마음은
호미질하여 제거해야지
변변치 못한 사람이라는 모욕을
받아야 하겠는가
그럴까 봐 근심하지
쌓아놓은 재물 없다고 근심하지 않는다

마음은 비록
숲과 샘 그 아름다운 자연을 그리워하면서도
늘 큰 건물 속에
갇혀 있었구나
이제 이 몸을
세상 길 밖에 두려고 하니
내가 사는 땅에
차가 와서 시끄럽게 하는 일이 없어지겠지

하류 인물이야
이런 내 뜻을 알 리 없지만

고아한 인품 높은 견식을 갖춘 이라면

함께 논할 수 있을 텐데

장자가 일찍이 호수의 다리에서

이치를 말할 적에

혜시가 장자 자신이 아니라고

탄식했다지

나의 지향을 갈산에게 알리니, 장자를 모른 혜시와 달리 갈산은 내 마음을 잘 알지 않을까?

'어魚'운으로 압운한 24구 배율이다. '人俱(인구)' 구와 '身將(신장)' 구는 요구拗救를 하였다. 4구를 한 단위로 시상을 전개하였다.

'黔驢(검려)'는 보잘것없는 재능을 믿고 설치다가 낭패를 당하는 사람을 비유한다. 유종원柳宗元은 〈삼계三戒〉에서 '黔之驢(검 땅의 나귀)'에 대해 다음과 같은 이야기를 하였다. 검주黔州에 어떤 사람이 처음으로 나귀를 데리고 왔을 때, 덩치가 크고 울음소리도 크므로 범이 나귀를 보고 두려워하다가 나귀에게 별다른 힘이 없고 그 발길질도 신통하지 못함을 알고는 오히려 그 나귀를 잡아먹어 버렸다.

'散材(산재)'는 쓸모없는 재목材木. 쓸모없는 사람을 비유한다. '樗(저)'는 가죽나무로 대표적인 산재이다. 《장자·소요유逍遙遊》를 보면, 혜시惠施가 자기 소유의 가죽나무가 크기만 클 뿐 쓸모가 없다고 하자, 장자가 그에게 충고하기를 "이 나무는 쓸모가 없기에 베어가는 사람도 없을 것이니, 아무것도 없는 '무하유無何有'의 마을 그리고 그곳의 아득히 넓고 큰 '광막廣莫'의 들판에 심어놓고 그 옆에서 한가로이 쉬거나 그 아래에 누워서 잠을 자면 좋을 텐데, 왜 고민하는가?"라고 말하였다.

'蠻觸(만촉)'은 달팽이의 오른쪽 뿔에 있는 만씨蠻氏와 왼쪽 뿔에 있는 촉씨觸氏. '만촉지쟁蠻觸之爭'이란 우화가 있는데 좁은 땅에서 하찮은 일로 싸우는 것을 풍자한다. 《장자·측양則陽》에 나오는 우화에서 유래하였다.

'華胥(화서)'는 전설에 나오는 이상향인데, 그곳은 무위지치無爲之治를 하였다. 《열자·황제黃帝》에 황제黃帝가 낮잠을 자다가 꿈에 화서의 나라에 가서 그 나라가 이상적으로 잘 다스려진 것을 보았다는 우화가 있다.

'狂太白(광태백)'은 미친 이태백이란 뜻이다. 이백이 〈廬山謠寄盧侍御虛舟(여산요기로시어허주)〉에서 "我本楚狂人.(나는 본시 초 나라의 미치광이이다.)"이라고 하였다.

'病相如(병상여)'는 병든 사마상여司馬相如라는 뜻이다. 이상은李商隱의 〈寄令狐郎中(기령호낭중)〉 시에 "茂陵秋雨病相如.(무릉의 가을 빗속에 병든 사마상여 신세이다.)"라는 시구가 있다. 사마상여가 무릉의 집에서 병들어 죽은 사실은 《사기·사마상여열전司馬相如列傳》에 보인다.

'斗筲(두소)'는 적은 양을 말하며, 변변하지 못한 사람을 뜻한다. 《논어·자로子路》에 관련된 이야기가 나온다.

'儋石(담석)'은 한두 섬의 곡식이라는 뜻으로, 얼마 되지 않는 적은 분량의 곡식을 말한다. 두보의 〈今夕行(금석행)〉에 "君莫笑劉毅從來布衣願, 家無儋石輸百萬.(그대는 웃지 마시라, 유의의 예전 포의 시절의 바람을. 집에 양식이 조금도 없었지만 백만 전을 잃기도 하였다.)"이라는 말이 있다.

'夏屋渠(하옥거)'는 건물이 크다는 뜻이다. 《시경·권여權輿》에 "夏屋渠渠.(큰 집이 깊고 넓다.)"라는 시구가 있다.

'喧車(훤거)'는 방문하는 이가 많음을 뜻한다. 도잠의 〈飮酒二十首(음주이십수)〉에 "結廬在人境, 而無車馬喧.(사람들 사는 곳에 초가집을 짓고 살아도 수레나 말이 시끄럽게 하는 일이 없다.)"이라고 하였다.

'下士(하사)'는 재능이나 식견이 하급인 사람이다. 《노자》에 "下士聞道, 大笑之. 不笑, 不足以爲道.(하사가 도를 들으면 크게 비웃으니, 하사가 비웃지 않으면 도라고 하기에 부족하다.)"라는 말이 나온다.

'濠梁(호량)'은 호수濠水의 징검다리. '호'는 강 이름이다. 《장자·추수秋水》에 다음과 같은 이야기가 나온다. 장자가 혜시惠施와 함께 호수의 징검다리 위에서 거닐다가 말했다. "작은 물고기가 물에서 유유히 놀고 있네요. 이것이 물고기의 즐거움이겠지요." 이에 혜시가 말했다. "그대는 물고기가 아닌데 어떻게 물고기의 즐거움을 아시오?" 장자가 "그대는 내가 아닌데 내가 물고기의 즐거움을 모른다는 것을 어떻게 아시오?"라고 하니, 혜시가 말했다. "나는 그대가 아니니 그대를 알 수가 없지요, 그대 또한 물고기가 아니니 물고기를 알 리가 없지요." 이에 장자가 다시 대답했다. "우리 대화의 맨 처음으로 돌아가 봅시다. 그대는 내가 어떻게 물고기의 즐거움을 아느냐 물었지 않았소. 이 말은 그대가 이미 내가 물고기의 즐거움을 안다는 것을 알고서 내가 어떻게 아는 것인지 물은 것이 아니겠소. 내가 호수 다리 위에서 거닐며 즐기고 있기에 호수 안의 물고기의 즐거움도 절로 알았던 것이오."

病中吸煙

咳嗽傷喉猶未辭
戒煙須待蓋棺時
命長無樂不如短
況且享年誰預知

병중의 흡연

기침하느라 목이 상해도
담배를 마다하지 않으니
담배를 끊으려면
관 뚜껑 닫을 때를 기다려야겠지

즐거움 없이 오래 사는 게
짧아도 즐겁게 사는 것만 못할 터
하물며
사람이 누릴 나이를 누가 미리 알겠는가

自嘆

經業蕭條一腐儒
才華鄙弱但詩奴
日增酒債愁難遣
春坐花叢興却孤
交少知音絃已絶
行當窮轍駕何驅
深追陶令斜川詠
空羨王丞輞墅愉

스스로 한탄하다

경전의 학업이 썰렁하여 볼품없는
한 썩어빠진 유생
재능도 비천하여
그저 시의 종노릇이나 한다

술 마시느라 날로 술빚이 늘어도
시름 풀기 어려우니
봄날 꽃 더미에 앉아도
흥이 나지 않는다

지음을 사귀지 못해서
가야금 줄을 이미 끊어버렸거니와
가는 길에 수레바퀴 자국도 끊겼으니
수레를 어디로 몰아야 할까

도연명이 사천에서 읊은 시를
깊이 되새겨 보면서
망천별장에 살던 왕유의 기쁨을
공연스레 부러워한다

공부가 신통찮아 제대로 된 유사儒士라고 할 수도 없고, 시재詩才도 없어 시의 종노릇이나 하고 있다. 그러니 외상까지 지면서 술을 마셔대도 시름만 늘어날 뿐, 꽃 구경에도 흥이 나지 않는다. 도연명과 왕유의 즐거움이 부럽지만 이 또한 따라 하기 어려운 처지여서 시름이 더욱 더해진다.
4연이 모두 대장구對仗句인 전대격이다. 다른 칠언율시와 마찬가지로 출구 구각에는 사성四聲을 번갈아 썼다.
'孤(고)'는 저버린다는 뜻이다. 흥이 나야 할 상황에서 흥이 나지 않는 것이다.
'知音(지음)'은 백아伯牙와 종자기鍾子期의 고사에서 유래한 말이다.
'窮轍(궁철)'은 수레의 길이 다했다는 뜻으로 사람이 어려운 처지를 만난 것을 비유한다. 《진서晉書·완적전阮籍傳》에 의하면, 완적은 내키는 대로 수레를 몰고 다니다가 길이 막히면 통곡하고 돌아왔다고 한다.
'斜川詠(사천영)'은 도잠의 <사천에서 노닐다(遊斜川)>를 가리킨다. 사천에서의 놀이를 읊은 이 시에서 도잠은 "且極今朝樂, 明日非所求.(그저 오늘의 즐거움을 다 누려야지, 내일 일은 알 바 아니다.)"라고 하였다.
'輞墅(망서)'는 왕유가 살았던 망천輞川의 별장. 근처에 절경이 많다.

病中與友大醉放歌

雖在病中何止酒
酒蟲趁機却強梁
故友恰巧來遠路
此時酒味最深長
眼澀如眯又鼻塞
幸而口胃全無傷
面對麴君涎自涌
銜盃吸啜亦如常
身鬆卽通兩鼻氣
神怡頓明兩眼光
連飲數壺陶然醉
大聲放歌氣軒昂
吾子勿憂病加甚
此日須樂來日忘
明朝若使身有恙
再呼共飲又復陽

병중에 벗과 대취하여 크게 노래하다

비록 병중이나
어찌 술을 끊으랴
술 벌레가 병들어 쇠약해진 틈을 타서
도리어 설쳐대고 있으니
친한 벗이
마침 먼 곳에서 왔으니
이때가 바로
술맛이 가장 기막힐 때

눈은 티가 들어간 듯 껄끄럽고
코는 막혔어도
다행히도
입은 별 탈이 없어서
누룩님을 마주하니
침이 절로 솟아나고
잔을 물고 쭉 들이킬 수 있는 것도
또한 평상시와 같다

몸이 가벼워지니
두 콧구멍이 뻥 뚫리고
마음이 즐거워지자
갑자기 두 눈이 밝아진다

연이어 몇 병을 마시자
거나하게 취해
큰 소리로 노래 부르니
의기가 양양하다

나의 그대여
병이 더 심해질까 근심하지 마시라
오늘을 즐길 뿐
내일은 잊어야지
내일 아침
만약 내 몸에 탈이 난다면
그대를 다시 불러 함께 마시리니
그러면 내 몸이 다시 살아나리라

'復陽(복양)'은 양기를 회복한다는 뜻으로 다시 살아나는 것을 말한다. 《장자·제물론 齊物論》에 이 어휘가 보인다.

翌日發耳病又飮酒

鼻病移耳苦加重
酒酣耳熱亦無妨
飮席耳有何等功
空聞惡言酒興亡
何處蜂起是非論
褎如充耳耽麴香
獨醉獨醒何有思
無思無慮身亦康

8구 고체시이다.
병원에 가서 진찰했더니 감기로 인한 코의 염증이 귀로 옮겨가서 중이염이 되었다고 한다. 귀에 염증이 나도 술 취해 달아오르는 데는 지장 없다. 게다가 듣기 싫은 소리 듣지 않아도 되니 이 얼마나 좋은 일인가.
'耳熱(이열)'은 술이 취한 상태를 표현할 때 흔히 쓰이는 말이다.
유영劉伶의 〈주덕송酒德頌〉을 보면, 음주만 일삼는 대인선생大人先生을 찾아온 사람들이 그의 잘못된 행위를 따지느라 벌떼처럼 요란하게 논쟁을 하는데도 대인선생은 즐겁게 술을 마셨다고 한다.
'褎如充耳(유여충이)'는 귀가 막혀 들리지 않는 것을 뜻한다. '유여'를 웃는 모양으로 보는 설도 있다. 《시경·모구旄丘》에 이 표현이 나온다.

이튿날 귓병이 나서 다시 술을 마시다

코의 병이 귀로 옮겨가
괴로움이 더해져도
술에 취해 귀 달아오르는 데에는
방해되지 않는다

술 마시는 자리에
귀가 무슨 쓸모가 있으랴
공연히 나쁜 말을 들어
주흥만 없어지게 할 뿐이니

옳으니 그르니 따지는 논쟁이
어디서 벌떼처럼 일어나고 있나
귀가 막혀 시비 소리 들리지 않는 듯
누룩 향기만 탐한다

홀로 취하고 홀로 깨어나니
무슨 생각을 하랴
아무런 생각이 없으니
몸 또한 편안해진다

雜詩

藥水持瓶汲
忙回不待充
來時初雪薄
日上或消融

즉흥으로 짓다

병으로
약수를 떠다가
가득 차기도 전에
바삐 돌아온다

올 때 길에서 본 첫눈이
얇았으니
해가 뜨면
혹 녹아버리지나 않을까

첫눈이 내렸다. 적게 내려 길에 얇게 깔렸다. 해가 뜨면 금방 녹아버릴 테니, 약수 뜨느라 지체하여 첫눈이 만든 귀한 풍경을 놓칠 수는 없다.

自遣

此身順命歷悲愉
吾道關天變卷舒
藏用兩端無適莫
每觀賦性竟何如
鬢髭示歲自嫌鏡
園圃樂生將負鋤
但以治家義未已
掛冠爲計恐迂疎

스스로 위로하다

이 몸은 운명에 순응하며
슬픈 일과 기쁜 일을 겪었고
내 도는 하늘 뜻에 따라
말렸다 펴졌다 했으니
능력을 감추거나 쓰는 일 두 가지에 대해
한 가지를 고집하지 않고
타고난 품성이 어떤지를
매번 살펴보면서 해왔다

살쩍과 수염이 나이를 알려주어
거울이 절로 싫어지니
동산이나 채마밭이 삶을 즐겁게 하리라는 생각에
앞으로 호미를 메려 한다
다만 집안 식솔을 건사해야 하는 의리를
아직 다하지 못했으니
갓을 걸고 물러나려는 이 계획이
세상 물정 모르는 짓일까 봐 저어한다

함련에 대장구를 쓰지 않고 수련에 썼으니 이른바 '투춘격偸春格'이다. 수구는 인운鄰韻자를 썼다.
《논어·이인里仁》에 "君子之於天下也, 無適也, 無莫也, 義之與比.(군자는 천하의 일에 대해서 오로지 주장하는 일도 없고 그렇게 하지 않는 일도 없이 오직 의義를 따를 뿐이다.)"라고 한 공자의 말이 실려 있다.

岩上松

根植斷崖上
四時生意榮
侶雲絶塵土
終始保幽貞

바위 위의 소나무

뿌리를
깎아지른 바위에 박고 살아도
사시사철
생기가 성하다

구름을 벗하며
진세와 단절하여
은자처럼 고결하고 바른 지조를
시종 지켜 왔기에 그런가 보다

―――

《주역》 '이履' 괘에 "履道坦坦, 幽人, 貞吉.(밟는 길이 탄탄하다. 유인이라야 뜻이 견정 堅貞하여 길하리라.)"이라는 말이 있다. '유인'은 조용히 살면서 마음이 편한 사람, 또는 그런 마음으로 사는 은자를 뜻한다.

寄濟州梁敎授

披襟數日忘形投
分袂十年如水流
身繫塵寰抽未得
心馳瀛島夢難酬
遐聞訓導事功遂
曾識學行修德優
將要交顔聽近履
海樓望月共醪甌

* 梁敎授名萬基現任漢拏大學敎授(양 교수는 이름이 만기이고 현재 한라대학교 교수이다.)

제주의 양 교수에게 부치다

흉금을 터놓고 지냈던 며칠
신분을 잊고 마음이 투합했는데
헤어진 세월 십년이
물 흐르듯 지났구려

몸이 티끌세상에 매여 있어
빼낼 수가 없었으니
영주의 섬으로 치달리는 마음
그 꿈꾸던 것을 이룰 수가 없었지요

생도를 지도하는 큰일을 잘 해낸다는 이야기
멀리서 들었거니와
닦은 덕이 학문과 품행에 넉넉함을
내 진작부터 알고 있었지요

얼굴을 맞대고서
근황을 들으려고 하니
바닷가 누각에서 달을 보며
술병을 함께 합시다

제주에 가게 되어, 양만기 교수에게 이 사실을 알리려고 시를 부쳤다. 전대격全對格이다. 단 미련은 대장을 느슨하게 하여 변화를 주었다. '瀛島(영도)'는 제주도이다. 제주를 일명 영주瀛州라 한다.

寄濟州曺敎授

遙知客處遠瀛中
尙友古人情志通
讀易居亭憶揚子
詠詩行島慕坡公
鑽硏忘老憂何在
遊賞搜奇興不窮
靑眼喜逢將有日
論文座上揖英風

* 曺敎授名圭百現任濟州觀光大學敎授專攻蘇軾詩學(조 교수는 이름이 규백이다. 현재 제주관광대학교 교수인데 소식의 시학을 전공하였다.)

조규백 교수에게 일간 만나게 될 것임을 알리려고 썼다. 제3구는 '요구拗救'를 하였다. '揚子(양자)'는 한漢 나라의 양웅揚雄이다. 그가 촉에 살 때 거처하던 곳을 '자운정子雲亭'이라 한다. 유우석劉禹錫이 〈누실명陋室銘〉에서 말한 "西蜀子雲亭.(서촉의 자운정.)"이 바로 그것이다. '정'은 작고 누추한 거처를 뜻한다.
'坡公(파공)'은 소동파를 가리킨다. 그는 만년에 폄적貶謫되어 해남도海南島에서 살았다. 소동파의 시를 전공하는 조 교수도 섬에 살고 있으니 그를 흠모하는 마음이 더욱 간절하지 않을까?

제주의 조 교수에게 부치다

먼바다에 나그네로
살고 있으니
옛사람과 벗하며 정과 뜻을 통하리라는 것을
멀리서도 알겠소

주역을 읽으면서 작은 거처에 머물 테니
양웅 선생을 생각하겠고
시를 읊조리며 섬을 돌아다니니
동파 어른을 그리워하겠지요

연구에 전심하여 늙어가는지도 모를 테니
근심거리가 무에 있을까
유람하면서 기이한 풍물 찾다 보면
흥이 무궁하겠지요

푸른 눈으로 기쁘게 만날 날이
조만간 있으리니
글 논하는 자리에서
그대의 고매한 기품에 절하게 되겠지요

止煙旬日又吸

一枝暫樂却嗟咨
已喪前功悔未追
何有惡緣如此韌
其離孰與與妻離

열흘 남짓 금연했다가 다시 피우다

한 개비에 잠시 즐거워하다가
다시 탄식하였으니
전공前功이 도로 아미타불
후회가 막급이다

이처럼 질긴 악연이
왜 생겼을까
그것과 헤어지는 게
마누라랑 헤어지는 것보다 어렵겠다

담배를 끊지 못했어도 이를 글감으로 썼으니, 나쁠 게 없다.

題昔谷書庵

架屋但板木
籬無門亦無
枕山雲夕止
處野鳥晨呼
薪米憂能忘
琴書興不孤
誰爲此廬主
兀坐一癯儒

* 昔谷姓柳名成烈昔谷其號庵在龜尾長川(석곡은 성이 류씨이고 이름은 성렬이다. 석곡은 그의 호이다. 서암은 구미 장천에 있다.)

석곡서암의 주인인 류 선생은 사는 모습으로 보나 인품으로 보나 요즈음 정말로 보기 드문 인물이다. 은거하면서 공부에 전념하는 선비가 아직도 세상에 있구나라는 생각에 깊은 감명을 받았다.
제1구에 요拗가 생겨 제2구의 제3자를 평성자로 하여 구救하였다. 제7구는 구 자체에서 요구하였다.

석곡서암에 제하다

집을 만든 것이라곤
다만 나무판자뿐
울타리가 없으니
문도 따라서 없다

집이 산을 베고 있으니
저녁이면 구름이 와서 머물고
들에 있으니
새벽이면 새가 소리쳐 깨운다

땔감과 쌀
그 근심은 잊을 수 있어도
금琴과 책
그 흥은 저버리지 않는다

누가
이 집 주인인가
혼자 오뚝하니 앉아 있는
여윈 몸의 한 선비

贈昔谷

逸士今難覓
吾知姓柳人
幽居臥遐俗
粗糲食安貧
唯有書頤志
全無物近身
山雲待客訪
邀我又何辰

석곡을 경모하는 심사를 한 수에 담기가 아쉬워 다시 이 시를 지었다.
제3구는 요구拗救하였다.
남조南朝의 유명한 도사道士인 도홍경陶弘景이 "山中何所有, 嶺上多白雲, 只可自怡悅, 不堪持贈君.(산속에 무엇이 있을까요? 고개 위에 흰 구름이 많지요. 나 스스로 좋아할 수 있을 뿐, 임금님께 가져다줄 수가 없네요.)"이라는 시를 썼다. 석곡이 나에게 구름을 부쳐주지 못할 것이니 가서 볼 수밖에 없다. 아마 구름도 늘 적막하게 있다가 나를 보았으니, 지금 즈음 나를 궁금해하지 않을까? 아무래도 석곡이 나를 다시 불러야겠다.

석곡에게 드리다

은일의 선비
요즈음 만나기 어려운데
나는
성이 류 씨인 이를 알지요

은거하는 집에 누워
세속을 멀리하고
거친 밥을 먹으면서
가난을 편하게 여기지요

그이의 집에는 뜻을 기르는
책만 있고
몸 가까이 두는
다른 물건 전혀 없지요

산의 구름이
객이 찾아오기를 기다리고 있을 터
나를 불러줄 날이
또 언제일까요

寄裕岡

傾蓋心投初不信
知非虛語賴逢君
德音暫接恩恩別
何日終宵共論文

* 裕岡姓權名奇鳳(유강은 성이 권 씨이고 이름은 기봉이다.)

유강에게 부치다

처음 만나 수레 가리개를 기울이자마자
마음이 투합했다는 말
당초에 나는 믿지 않았는데
헛된 말이 아님을 그대 만나 알았다오

좋은 말씀 잠시 접하고
총총히 이별했으니
어느 날 다시 만나
함께 밤새며 글을 논할까

'傾蓋(경개)'는 초면의 두 사람이 수레의 가리개를 기울인 채 대화하다가 친해지는 것을 말한다. 《사기·노중련추양열전魯仲連鄒陽列傳》에 "傾蓋如故.(수레 가리개를 기울이고 처음 만났는데도 오래 알고 지낸 사람처럼 친밀하다.)"라는 말이 나온다.

芸庭嘆終日苦吟不成句故作藝語寬之

賈島何故減帶圍
苦吟推敲生肝火
詩作是何事
如此招大禍
君不聞作詩如孕兒
今夜不可明日可

운정이 종일토록 애써 시를 지었으나 시구를 완성하지 못했다고 탄식하기에 일부러 외설스러운 말을 지어 그를 편안케 해주다

가도는 무슨 까닭에
허리둘레가 줄었을까
애써 짓고 다듬느라
간에 불이 났겠지

시 짓는 게
뭐 대단한 일이라고
이렇게 큰 화를
자초하나

그대는 듣지 못했는가
시 만드는 일이 애 배는 것과 같다는 말을
오늘 밤에 안되면
내일은 되겠지

'郊寒島瘦(교한도수)'라는 말이 있다. 소식蘇軾이 〈祭柳子玉文(제류자옥문)〉에서 한 말인데, 맹교孟郊는 빈한하고 가도賈島는 말랐다는 뜻으로 그들의 시풍을 표현한다. 가도는 시풍이 그럴 뿐 아니라 실제로 몸도 그렇지 않았을까? 시 짓느라 쩔쩔맸으니 오죽하면 '시노詩奴', 즉 시의 노예라는 별호를 얻었을까?

敗荷田

爭艷今渾失
敗荷風色寒
荒如古戰地
處處折旗殘

시든 연밭

아름다움 다투던 모습
다 사라지고
망가진 연잎에
풍색風色이 차다

황량하기가
옛 전쟁터 같아
곳곳에
꺾인 깃발뿐

연꽃이 시든 황량한 연밭에 와보니 곳곳에 시든 연잎이 처져있고 꽃이 떨어진 연방이 꺾여 있다. 멀리서 보니 마치 치열한 전투가 있었던 전장에 깃발이 꺾인 채 여기저기 꽂혀있는 모습을 연상하게 한다.
봄날과 여름날에 붉고 흰 연꽃이 꽃을 피우려고, 그리고 아름다움을 서로 다투느라 치열하게 살아왔다. 생명의 전장에서 투쟁하다가 이제는 모두 장렬하게 전사하였으니, 그 풍경을 보는 내 마음이 절로 숙연해진다.

冬日冠岳山偶吟

　　冬暖如春氣
　　尋山緩步移
　　疎林唯槁葉
　　小鳥集寒枝
　　水谷黙含靜
　　雪峰瑩出奇
　　氷崖勒遊意
　　登頂後留期

겨울날 관악산에서 우연히 읊다

겨울인데
봄기운이 도는 듯 따스하여
산을 찾아가서
천천히 걸음을 옮긴다

성긴 숲에는
오직 마른 잎뿐
작은 새가
차가운 가지에 모여 있다

물 흐르던 계곡은
묵묵히 고요함을 품고 있고
눈 쌓인 봉우리는
빤짝이며 기이한 풍경 드러낸다

산벼랑에 얼음이 얼어있어
놀려는 뜻을 억누르니
산꼭대기에 오르는 일은
뒷날로 미루어야겠다

제7구는 요구拗救를 하였다.

冬日始興野卽景二首 其一

寒雲無色急風吹
臨野最知時節移
香色荷田但泥土
虛無逈異盛華期

겨울날 시흥 들의 풍경 제1수

차가운 구름은 빛을 잃고
급한 바람이 부니
시절의 추이는
들에서 가장 잘 알 수 있다

향기와 빛깔 가득했던 연밭이
지금은 진흙뿐
텅 빈 모습이
한창 아름답던 시기와 너무 다르다

제3구는 요구拗救를 하였다.

冬日始興野卽景二首 其二

浮雲不映凍川水
白鷺已離寒樹枝
蘆岸雀群無處徙
終朝飛控急充飢

겨울날 시흥 들의 풍경 제2수

하늘을 떠다니는 구름
얼어붙은 냇물에는 비치지 않고
흰 해오라기도
차가운 나뭇가지를 이미 떠났다

갈대 언덕의 참새 무리는
옮겨갈 데가 없나
아침 내내 날아다니며
굶주린 배 채우느라 바쁘구나

'飛控(비공)'은 《장자·소요유逍遙遊》에서 좁은 숲에서 날아다니는 작은 비둘기를 묘사할 때 사용한 어휘이다.

冬日校庭偶吟

臘候陰初霽
寒窓亮午曦
霙暉際天嶺
風動露巢枝
寂寂院今廢
青青松獨奇
韶光何處早
春夢向梅期

겨울날 교정에서 우연히 읊다

섣달 추운 시절
흐리던 날씨가 막 개니
차가운 창에
한낮의 햇빛이 밝다

하늘 가 봉우리는
쌓인 눈으로 빛나고
새의 둥지가 드러난 가지를
바람이 흔든다

적적한 뜰은
지금 황폐해져
푸르른 소나무만
홀로 빼어나다

따뜻한 봄빛은 어디에
일찍 올까
봄 꿈을
매화에게 기대해본다

제3구는 '요구拗救'를 하였다.

冬日荷田

曾遊此地荷花發
數畝香風醉步迷
美景至今皆失去
採根傭客亂田泥

겨울날 연밭

연꽃이 피었을 때
이곳에 노닐었으니
몇 이랑 가득한 향내에 취한 걸음
길을 헤맸지

아름다운 광경
지금은 다 사라져버리고
품팔이 외지인이 뿌리 캐느라
연밭의 진흙을 헤집어 놓았다

送年雅會

雅筵此日歲將闌
青眼故人俱得看
霽雪臘天塵垢淨
巡盃月夜興情寬
處身已喜輔仁益
在世何憂行道難
執手丁寧相贈語
永繩緣分永團團

송년 모임

좋은 자리 연 이 날
한 해가 다 가려는데
푸른 눈의 반가운 벗을
모두 보게 되었구나

눈이 갠 섣달 하늘은
티끌 먼지를 깨끗이 씻었으니
잔 돌리는 달밤
흥과 정이 넉넉하다

어진 마음으로 처신하는 데 유익한 벗을
기쁜 마음으로 사귀고 있으니
도를 행하기 어려운 세상살이를
어찌 근심하리오

손을 맞잡고
다정하게 주고받는 덕담
좋은 인연 길이 이어
길이 함께 하자고 하네

守歲作

過隙日駒馳忽忽
又逢除夕感懷深
醉鄕易忘三餘務
春夢難停一寸陰
坐夜迎年問天道
待晨省己作心箴
已逾知命可循習
堅誓將來毋似今

제5구는 요구拗救를 하였다.
'過隙(과극)'은 '백구과극白駒過隙', 즉 흰 말이 지나가는 것을 좁은 틈 사이에서 볼 때처럼 눈 깜박할 사이라는 뜻으로, 세월이 너무 빨리 지나감을 말한다. 《장자·지북유知北遊》에서 유래한 말이다.
'醉鄕(취향)'은 술에 취해 사는 별천지. 술독에 빠져 사는 삶을 비유한다.
'三餘(삼여)'는 세 가지 경우의 여가라는 뜻으로, 공부하는 데 쓰기 좋은 때를 말한다. 한 해의 여가인 겨울과 하루의 여가인 밤, 그리고 비 오는 때 등이 이에 해당된다. 후에는 한가한 시간을 뜻하는 말이 되었다.

섣달 그믐밤을 지키며 짓다

좁은 틈을 지나는 망아지 같은 태양이
빠르게 달려가서
또 제야를 맞게 되니
감회가 깊다

술 취하는 마을에 놀다 보니
세 가지 여가餘暇에 할 일 쉽게 잊어버렸는데
봄날의 꿈을 꾸는 좋은 시절은
한 치의 광음光陰도 멈추기 어려웠지

밤에 앉아 새해를 맞으면서
천도天道가 무엇인지 생각해보고
새벽을 기다리며 자신을 성찰하여
마음 다스릴 잠언箴言을 짓는다

천명을 아는 나이 이미 지났으니
어찌 예전 하던 대로 살겠는가
내년은 올해와 같지 않기를
굳게 다짐해 본다

韻山漢詩 ≪乙酉集≫을 읽고
"시 짓기를 정말 좋아하는 사람 아닌가"

이 지 운
문학박사

1.

내가 운산 선생님을 처음 뵈었던 것은 1996년 1월로 기억한다. 모교에 박사과정이 없어 학교를 바꾸어 진학했던 나는 학교도 낯선데 지도교수도 새로 정해야 했다. 시문학을 전공하신 다른 선생님도 계셨지만 나는 조금도 고민하지 않고 운산 선생님을 내 지도 선생님으로 모셔야겠다고 생각했다. 누구보다도 날카롭게 시를 잘 보시는 젊은 학자라 들어서 선생님 옷자락이라도 붙잡고 가르침을 받고 싶었다.

그러나 한 번도 뵌 적 없었고 나는 숫기도 주변머리도 없는지라 내 생각을 어떻게 전해야 할지 걱정되었다. 결국 연말에 카드를 보내어 얼굴도 모르는 애의 지도교수가 되어 주십사 무례한 부탁을 드렸다. 신년 하례식에서 처음 뵌 선생님은 활짝 웃으시며 "그래, 내가 지도교수 하마!"라고 흔쾌히 말씀하셨다. "웃는 얼굴로 나를 보며 예뻐해 달라는(向人笑容媚)"(<모래에 핀 꽃 砂上

花> 중) 꽃과 같은 마음을 나에게서 보아주셨던 걸까. 여전히 강의실을 찾느라 미로 같은 학교를 헤매거나 동학들에게 쭈뼛쭈뼛 말 붙이기도 어려웠던 때에 다정하게 받아주시니 나도 마음 붙일 데가 생긴 것 같아 은근히 든든했던 기억이 난다.

생글생글 웃는 얼굴과 부드러운 음성으로 맞아주셨던 첫 만남과는 달리 선생님의 수업은 말 그대로 지옥 훈련이었다. 다정한 얼굴은 어디 가고 저승사자 같은 모습으로 학생을 대하니 수업 시간은 늘 살벌했고 긴장이 가득했다. 수업을 대비하기 위한 스터디며 독회가 몇 개씩 꾸려지고 낮이나 밤이나 수업 준비에 전전긍긍했으며 피곤에 지쳐 잠깐 눈을 붙였을 때도 선생님이 등장하셔서 난수표 같은 문장을 해석해 보라는 악몽을 꿀 정도여서 눈이 퀭해 다녔던 기억이 난다. 돌이켜 생각하니 선생님께서 우리를 치열하게 공부시켰던 그 바탕에는 시에 대한 열렬한 사랑과 시인에 대한 깊은 존경이 있었던 것 같다. 젊은 학생들이 얄팍한 치기로 옛 성현들을 허투루 대하거나 얼렁뚱땅 엉터리로 해석하는 못된 버릇을 애초부터 들이지 않으려고 혹독하게 훈련시켰던 것이라 이제 와 추측해 본다.

무서웠던 수업이 끝났다고 안심할 것은 아니었다. 수료 후 논문을 쓰기 위해 논문학점을 수강해야 했는데, 선생님께서는 시 암기를 과제로 내주셨다. 시의 맛을 알기 위해서는 최소한 천 수 정도는 외워야 한다고 하시면서 한 학기 동안 '일단' 《당시삼백수唐詩三百首》를 암송하라는 것이었다. <매주 대학원생에게 과제로 당시를 외우게 하다 週課大學院生背誦唐詩>에서 "공들여 우물 파기를 끝내 마지않는다면 언젠가는 근원에서 샘물이 줄줄 솟으리라. (掘井輪功終不已, 有時袞袞出泉源)"(《신묘임진집辛卯壬辰集》 중)라 하셨듯 시가 뱃속에 두둑해야 언제든지 읊조릴 수 있다며 우리를 독려하셨다. 암기도 암기지만 선생님 앞에서 암송해야 하니 어려움이 이만저만 아니었다. 수첩에 시를 50수씩 적어놓고 틈만 나면 외웠다. 선생님 앞에서 긴장 속에 암송하고 가끔 기습 질문에 대답하는 것 등은 나에겐 굉장한 압박이었지만, "스승의 가르침은 순순하여 종을 치는 것과 같듯이(師訓循循鐘叩若)"(<현암정사에 제하다 題玄巖精舍> 중) 차근차근 나의 시경詩境을 넓혀 주셨다. 시를 외우면서 시인의 마음을 이해하고 시를 깊이 감상해 보라는 선생님의 의도를 알 것 같았다.

선생님께서는 평소에 시를 지어봐야 시를 제대로 감상할 수 있다는 지론을 펴셨다. "시와 도자기는 그 이치가 다르지 않으니 직접 지어야만 비로소 자득함이 있고, 또 그런 후에야 능히 뭇사람에게 가르치고 보여서 함께 감상하게 될 것이다.(其理不二, 親作後方有自得, 又然後能導衆人而共賞之)"(《정해무자집 丁亥戊子集》 중) "요즈음 그릇을 품평하는 사람을 보면, 눈만 높지 손은 도리어 낮아서, 그릇 하나 만든 경험도 없이, 잠꼬대 같은 말로 그릇이 좋으니 나쁘니 말들 하네.(今看評器者, 眼高手反卑. 一器未嘗作, 夢囈說凡奇.)"(<서시> 《병신정유집丙申丁酉集》 중) 등이 그것이다. 창작을 해보면 창작자가 어떤 과정을 통해 시상을 구체화하고 글자를 단련하며 운을 맞추고 구조를 정연하게 하는가가 분명히 보일 것이니, 시를 공부하는 입장에서는 창작이 일종의 '인텐시브 코스'와 같은 것이리라.

나 또한 선생님이 이끄시는 자하시사紫霞詩社에 참여하여 시를 지어 보라는 권유를 받았지만 그때는 도무지 짬을 낼 수가 없었다. 게다가 나는 시를 지을 재주도 없었고 꼭 지어봐야겠다는 마음도 들지 않아 고사하였다. 선생님의 지론에 공감하지만 시를 안 짓는다고 감상이나 평가의 깊이가 덜할 것이라 생각하지 않는다. 도리어 독자는 창작자와 다른 눈과 경험을 가지고 있기 때문에 텍스트에서 그가 미처 생각하지 못했던 것을 보아내고 느낄 수 있으며 가치를 찾아낼 수 있다고 본다. 프랑스 작가 모리스 블랑쇼Maurice Blanchot나 롤랑 바르트Roland Barthes가 작품은 작가가 다 썼다고 완성되는 것이 아니라 계속 누군가에 의해 다르게 해석되고 평가될 때마다 조금씩

의미가 보태지고 새로운 가치가 생긴다고 하지 않았던가.

　이렇게 구구한 변명을 늘어놓는 것은 한시 한 줄 제대로 쓰지 못하는 주제이지만 그래도 반갑고 기쁜 마음으로 운산 선생님의 시를 읽었고 나름대로 느낀 것이 있어 그것을 풀어놓고자 하니 글쓴이의 부족함을 너그러이 봐주십사하는 부탁을 하고자 함이다.

2.

　《을유집乙酉集》은 2005년에 지은 시 89수와 서시 1수를 합쳐 총 90수를 수록한 시집이다. 봄부터 한겨울 세밑까지 한 해 동안 지은 시를 계절별로 차례대로 나열하고 있어 처음부터 읽다 보면 선생님과 사계절의 다채로운 모습을 함께 보며 나지막하게 이야기 나누는 듯한 느낌이 든다. 그도 그럴 것이 시의 대부분이 생각과 감정을 토로한 영회시詠懷詩와 자연의 아름다움을 묘사한 산수전원시山水田園詩이기 때문이다.

　사용한 시의 체재는 오·칠언 절구와 율시, 고시와 배율, 잡언체 시까지 다양하여 선생님이 어떤 시체도 어렵지 않게 자유로이 구사하고 있음을 알 수 있다. 그중 칠언절구가 35수, 칠언율시도 26수나 되는 걸로 보건대 특별히 칠언시를 선호하셨다. 칠언시는 오언시에 비해 제1구에도 운을 쓴다든지, 의경意境이 좀더 복잡하고 묘사가 섬세하다든지 등의 이유로 짓기 까다로운데 이런 어려움쯤은 선생님에게 전혀 문제가 되지 않고 오히려 풍부한 생각과 감정을 담기에 좋은 틀이라 여기셨던 것 같다.

　이 시집을 읽으며 가장 인상적이었던 것은 시에 대한 선생님의 마음이었다. '운명에 순응하며' '가죽나무'와 같은 삶을 추구한다고 하면서 유일하게 욕심을 내고 집착하는 대상이 있었으니 그것은 바로 시였다. 선생님은 평소에 '시마詩魔'에 사로잡혔다고 머쓱하게 웃곤 하셨는데, 보고 듣고 닿는 것마다 시로 어떻게 표현할지 골몰하고 우울하고 낙담할 때도 무엇보다 시를 먼저 찾으니 정말 시에 빠진 삶 맞다. 시에 대한 뜨거운 마음은 곳곳에 드러나 있다.

自嘆 스스로 한탄하다

經業蕭條一腐儒	경전의 학업이 썰렁하여 볼품없는 한 썩어빠진 유생
才華鄙弱但詩奴	재능도 비천하여 그저 시의 종노릇이나 한다
日增酒債愁難遣	술 마시느라 날로 술빚이 늘어도 시름 풀기 어려우니
春坐花叢興却孤	봄날 꽃 더미에 앉아도 흥이 나지 않는다
交少知音絃已絶	지음을 사귀지 못해서 가야금 줄을 이미 끊어버렸거니와
行當窮轍駕何驅	가는 길에 수레바퀴 자국도 끊겼으니 수레를 어디로 몰아야 할까
深追陶令斜川詠	도연명이 사천에서 읊은 시를 깊이 되새겨 보면서
空羨王丞輞墅愉	망천별장에 살던 왕유의 기쁨을 공연스레 부러워한다

선생님은 스스로 볼품없는 선비에, 재능도 모자라는 '시의 종'이라 일컫는다. '시노詩奴'는 당나라 시인 가도賈島의 별칭이기도 한데, "시 두 구를 삼 년 만에 얻었다(二句三年得)"(<시를 짓고 나서 題詩後> 중)고 할 정도로 그는 구절마다 까탈스럽게 고심하여 지었다. 시에 빠져 지나가는 귀인도 그냥 지나칠 정도이니 시에 휘둘려 사는 종이라 한 것이다. 선생님이 경전의 학업이 썰렁하다 한 것도 가도처럼 시에 경도되어 살다 보니 다른 일은 소홀하게 되었음을 이른 것이리라. 시를 이토록 사랑하는데 만족할 만한 재능이 없다고 탄식하며 벗과 같은 옛 시인들을 소환한다.

봄옷을 저당 잡혀 곡강曲江에서 흠뻑 취했던 두보 흉내를 내어보기도 하지만 그만큼 흥이 나지 않고 종자기를 잃은 백아를 떠올리며 지음知音이 없는 허전함에 공감하기도 하며 갈 길을 찾지 못해 고독감에 흐느꼈던 완적을 생각하며 암담한 마음을 들켜버린 듯 당황스럽기도 하다. 그러나 한편으로는 오늘을 한껏 누렸던 도연명을 떠올리며 하루가 주는 기쁨이 얼마나 귀중한지 되새길 수도 있고 별장을 마련해 심신에게 휴식을 주었던 왕유를 부러워하며 언젠가 나도 그런 꿈을 이룰 수 있으려나 소망을 품기도 한다.

　선생님은 시에 종노릇 한다고 탄식하면서도 결코 시 짓기를 멈추지 않는다. 오히려 시 전체가 대구를 이루는 전대격全對格을 써서 좋아하는 시인 리스트를 정연하게 보여준다. 시인을 하나하나 부르며 이들과 얼마나 진지하고 돈독한 우정을 나누었는지 은근한 자부심을 독자에게 내비치고 있는 듯하다. 내면을 나눌 수 있는 이가 이리 많다면 그것만으로도 시의 종이 될 가치가 충분하지 않은가. 미국 소설가 코맥 매카시Cormac McCarthy는 "사람이 가질 수 있는 가장 강한 유대감은 슬픔의 유대감"이라 하였다. 선생님의 탄식과 슬픔을 옛 시인들과 나누고, 다시 독자들에게 이것이 우리의 시라고 보여 줄 수 있으므로 시에 빠진 선생님은 더 이상 외롭지 않고 도리어 "망령된 짓을 하며 애오라지 즐기고 있고(妄爲聊以娛)"(<서시> 중) 풍성한 삶을 누리고 계심을 알 것 같다.

　또한 시를 좋아하는 당신 자신을 '시 좋아하는 병이 든 사람(詩癡)'이라고 진단하기도 하였다. 어느 초여름 날 할 일을 두고 학교를 빠져나와 숲을 거닌다. 산이 주는 깊은 맛에 푹 빠져있다가 금방 돌아올 수밖에 없었는데, 그것이 그다지 아쉽지 않은 이유를 알려준다. "잠시 낸 틈 짧다고 어찌 아쉬워하겠는가? 그래도 시 좋아하는 병증 달래며 돌아오는 길에서 읊조릴 수 있으니.(偸閒短促何須惜, 猶撫詩癡歸路吟)"(<초여름 날에 初夏卽事> 중) 바쁜 시간을 쪼개어 얻은 여유를 시로 엮을 수 있어 '시치'를 달랬기 때문에 그것이면 됐다고 여긴 것이다. 대신 좋은 경치를 보고도 시상이 떠오르지 않으면 근심한 적도 있어,(<봄날의 한탄 春日嘆>) 시 때문에 탄식하고 슬퍼하기도 하고 시

때문에 즐겁고 생기있는 삶을 그대로 보여주고 계신다.

시가 도대체 무엇이길래 이렇게 사람을 사로잡고 놓아주질 않는 걸까. 선생님의 시에 대한 열망을 보며 난 일본 시인이자 소설가인 하야시 후미코林芙美子가 떠올랐다. 그녀는 식모, 카페여급, 여공 등을 전전하고 가난과 배고픔으로 혹독한 생활을 하면서도 시와 책을 꼭 붙들고 있었다. 그녀는 세상이 그녀를 밀어내려고 할 때마다 오히려 "퇴짜를 맞으면서도 나는 다시 또 쓴다. 산처럼 쓴다. 바다처럼 쓴다."며 불친절한 세상에 맞섰다. 운산 선생님의 호가 '시로써 산을 이룬다[韻山]'는 뜻이니 선생님에게서 후미코의 흔적이 보이는 것은 어쩌면 당연한 것이리라.

운산 선생님은 시를 쓰기 위해 술의 힘을 종종 빌렸다.

何不止酒二首・其二 어째서 술을 끊지 못하나・제2수

醉時神思脫靈府 취했을 때의 신묘한 상상想像은 그의 마음 집을 탈출하여
能與無情交感遊 무정물과 교감하며 자유롭게 노닌다
撫樹風聲何竊竊 나무를 어루만지는 바람 소리 어찌 그리 소곤대는지
月心向日恨悠悠 해를 향한 달의 심사 그 한이 아득하구나

운산 선생님은 병약하여 술을 드시면 잘 탈이 나셨는데도 끊지 못하셨다. 안타까운 마음에 이유를 여쭸더니 취했다가 점점 술이 깨는 그 순간이 묘하게도 감각이 제일 예민하고 생각이 자유로워 그때를 도저히 저버릴 수 없다 하셨다. 아. 시가 태동할 때는 이런 고통이 따라야 하는 것인가. 아니나 다를까 <어째서 술을 끊지 못하나 何不止酒> 첫 번째 시에서는 좋은 글감을 보고도 술이 없다면 그것을 시로 빚어낼 수 없다고 하였고 두 번째 시에서는 술이 상상에 날개를 달아주어 평소에 지나쳤던 것들과 교감하게 한다고 하였

다. 예를 들면 나무에 바람이 스치는 것을 사랑의 속삭임으로, 해와 달이 뜨고 지는 것을 서로를 애달프게 그리워하는 것으로 연상하는 것 같은 것이다. 기발한 발상과 섬세한 감성은 술이라는 마중물에 의해 뿜어져 나온다는 의미이리라. 또한 "술의 영웅이라야 시의 영걸이 될 만하지.(酒雄始可稱詩英)"(<장난삼아 홍산에게 답하다 戲答鴻山> 중)라며 취기가 시정에 스며든 것이 좋은 평을 받는다고 하실 정도였으니, 시를 위해서라면 몸 좀 내어준들 뭐 그게 대수냐라 생각하는 선생님을 이해해 드려야 할 것 같다.

시인 이성복이 "대체 사람들이 어떻게 시 없이 한순간이라도 살 수 있는가."라 하면서 "이를테면 시는 입이었고, 밥이었고, 밥 위로 흐르는 침이었다."고 시에 대한 열정을 고백한 적 있다. 선생님 역시 당신의 시를 '몽당비(帚)'이고 '가짜 골동품(贋古)'이라고 낮추어 부르긴 하였지만 이는 시가 그렇다는 것이 아니라 남이 어떻게 보든 별로 개의치 않는다는 뜻이다. 사실은 시 없는 삶을 상상할 수 없고 그것을 무척 아꼈으며 언제나 시에 감명을 받고 울림을 얻고 있기에 미술평론가 존 버거John Peter Berger의 말처럼 시는 선생님의 '본질적인 일부'라고 감히 규정하고 싶다.

3.

시에 대한 뜨거운 애정과 열정을 표현한 작품 외에도 《을유집》에는 다양한 이야기가 있다. 아르헨티나 작가 보르헤스Borges가 "시란 느끼는 것"이라 하면서 잘 느껴지지 않는 시는 "그냥 한쪽에 놔두십시오."라 했는데, 이 시집 전체를 정리하기엔 지면이 부족하고 다만 내가 읽고 인상 깊게 느꼈던 몇 가지만 언급하기로 한다.

운산 선생님은 구속을 퍽 싫어하셨다. 인간사회에는 전통, 도덕, 의례나 관습, 예의 등 여러 이름으로 우리를 옥죄는 것이 얼마나 많은가. 어쩔 수 없이 참아야 하는 경우가 허다하지만 이것이 반복되면 답답해진다. 선생님은 이 답답함을 해소하려 술을 찾았다고 했다. <비에 취하다 醉雨>는 술 대신 비가 답답한 마음을 풀어주는 장면을 그리고 있다.

(전략)
迸沫觸身人心動 세차게 튀기는 물방울이 몸에 닿자 사람 심장이 두근거려
手足舞蹈入淋浪 손과 발이 춤을 추며 쉼 없이 떨어지는 빗속에 들어간다
身入卽使胸膈暢 몸이 들어가자 막힌 가슴이 바로 뚫리니
快比氷水方澆腸 그 상쾌한 기분 마치 얼음물을 창자에 부어 넣은 듯
一股興溢禁不住 한 줄기 흥이 넘쳐 참을 수가 없으니
解衣赤足叫欲狂 옷을 벗고 맨발로 미친 듯 소리친다
沾浹轉覺骨髓軟 빗물이 스며들어 적셔 가자 골수조차 나긋나긋해지는 듯
雨氣醉人勝銜觴 비 기운이 사람을 취하게 하는 게 술보다 낫구나
(중략)
幸逢滌盡塵氛汚 세상을 더럽히는 먼지 티끌이 다 씻긴 날을 오늘 다행히 만나고 보니
神情頓覺淸且凉 내 정신이 갑자기 맑고 시원해짐을 느끼게 된다
(후략)

어느 여름날 하늘이 뚫린 듯 비가 세차게 오자 두근거리는 마음으로 빗속으로 뛰어든다. 비에 몸이 젖어 가슴이 뻥 뚫리는 것 같고 얼음물을 창자에 부은 듯 상쾌하다. 흥을 못 이겨 옷을 벗고 맨발로 소리를 지르고나니 '뭇 소인배(群小)'와 '찌는 더위(炎蒸)' 때문에 열이 나고 답답했던 것이 풀리는 것 같다. 세상의 더러움을 씻어준 비가 모든 것을 해소해 주어서 정신도 맑아지고 시원해졌다고 하였다. "인생이란 폭풍우가 지나가기를 기다리는 것이 아니라 빗속에서 춤추는 법을 배우는 것이다"라 했던가, 평소에 보는 선생님

은 점잖은 선비 같지만 마음 깊은 곳에는 얽매임과 답답함을 싫어해 체면이고 뭐고 상관하지 않고 멋대로 소리 지르고 싶은 뜨거운 자유에 대한 열망이 꿈틀대고 있다. 어차피 맞을 비라면 기꺼이 나를 내어주고 즐기고픈 마음이 있는 것이다. 하긴 어디 선생님만 그러랴. 우리도 조심조심 겨우 살다가도 갑자기 인생에 폭풍우가 닥치면 에라 모르겠다하고 나를 내던지고픈 생각이 들 때가 있지 않은가. 비바람 속에 한바탕 춤을 추고 나면 그 비바람도 인생의 일부로 받아들이게 되고 부정적 감정으로부터도 거리를 둘 수 있게 되며 다시 살아갈 힘을 얻는다. 그러하기에 이 시는 읽기만 해도 속이 후련하고 신이 난다.

그런데 선생님이 갑갑함을 잘 느끼고 흥이 많은 것은 사실 '바람기(風氣)'가 너무 많아서라고 고백하신다.

風吹我 바람이 나를 날려보내다

萬物成形具四大	만물이 형체를 이룰 때 지수화풍地水火風 네 기운을 고루 갖추는데
我身偏多有風氣	유독 이 몸은 바람기가 너무 많다
心無常住伴雲流	마음이 상주常住하는 데가 없어 구름과 짝하여 떠도니
自嘆此氣實放肆	이 바람기는 실로 제멋대로라고 절로 탄식하는데
尤其觸興時	더구나 그것이 마음속의 흥을 건드릴 때면
情炎馳如野火走野熾	감정의 불꽃 내달리는 게 들불이 타면서 들을 달리는 듯하다

(후략)

시인 서정주는 "나를 키운 건 팔할이 바람"이라며 신산한 삶을 살았음을 고백하였지만, 운산 선생님은 바람기 때문에 제멋대로라 실토하고 있다. 마음이 가만히 머물지 못하고 외물의 자극에 쉽게 감정이 화라락 타올라 들불이 온 들을 질주하며 태우는 것 같다고 하였다. 이 불을 끄려고 선생님은 시를 썼던 것 아닐까. 특히 한 자 한 자 평측에 맞는 글자를 고르고 다듬어야 하는 한시만이 그 요란한 바람을 잦아들게 할 수 있었을지도 모르겠다. 난 이 두 시가 무척 마음에 들었는데 선생님의 감춰진 진면목을 대한 것 같아 잔잔한 감동이 일었다. 쉰 살, 사회의 중견이라는 결코 가볍지 않은 무게를 감당하며 갑갑해했을 그와 그것을 해소하기 위해 술을 찾고 시를 썼던 그를 어렵지 않게 연결시킬 수 있을 것 같았다.

　이 외에도 운산 선생님은 속된 세상에 얽매이고 싶지 않아 "높은 벼슬도 내 이미 헌신짝처럼 여기니 기꺼이 벼슬 속에 은거하는 이가 되어 맑은 즐거움을 누려야겠다.(已視榮官如弊屣, 甘爲吏隱享淸歡)"(<우연히 읊다 偶吟> 중)고 하였다. 그저 자그마한 벼슬이나 하면서 한가로움과 즐거움을 누리는 것이 부귀공명보다 훨씬 소중하다는 생각의 표현이다. 또한 세상에 귀하게 쓰이겠다고 다투는 것도 무의미하다고 보았고 들판을 지키는 가죽나무로 살며 삶을 온전히 지키겠다고(<감회를 말하여 갈산에게 보이다 述懷示葛山>) 하였으니 바람처럼 가볍게 살고자 한 것이 바로 선생님의 궁극의 바람이었던 것이다.

　운산 선생님의 시 중 가장 많은 분량을 차지하고 있는 것은 자연 경물에 대한 애정을 표현한 것이다. 물론 한시는 경치와 정감을 어떻게 잘 융합하느냐가 주요 과제이기 때문에 당연할 수도 있지만, 유독 꽃과 나무와 새를 좋아하였고 자연을 가까이하려 하셨다.

　春夜聞雷 봄밤에 천둥소리를 듣다

　花情羞澁不知辰 수줍은 꽃님 마음 때가 와도 모르고 있으니
　細雨徒然浸潤頻 가랑비 자주 적셔도 헛일이었다

竟使鞫聲劈天地 마침내 천둥의 굉음으로 천지를 쪼개게 하니
明朝破蕾滿枝春 내일 아침에는 꽃봉오리 터져 온 가지에 봄이 가득하겠지

봄이 되어 꽃이 피기를 기다리는 마음을 담은 시다. 봄비가 오면 꽃이 피려나 기다렸지만 피지 않아 꽃이 수줍어 하나 보다라 상상한다. 밤이 되어 천둥이 치니 그 소리에 놀라 꽃봉오리가 터져 내일 아침이면 활짝 필 것을 기대한다고 하였다. 이 시와 함께 같이 보면 좋을 시는 <봄날 아침 春曉>이다. 간밤 빗소리에 잠을 설쳤는데 새 지저귀는 소리에 일어나보니 비에 꽃이 피어 봐주기를 기다리고 있다는 내용이다. 꽃을 가까이하고 들여다보며 정을 주는 이가 아니라면 이런 시를 쓸 수 없으리라.

몇 년 전 어느 날 선생님의 전화를 받지 못한 적이 있었다. 부재중 통화로 몇 번이나 거셨는데 받지 못해 급한 일인가 싶어 연락을 드렸더니 활짝 핀 모란 사진을 보내오셨다. "시골집에 가니 모란이 이렇게 피었더라. 이걸 보니 네 생각이 났다. 이 활짝 핀 모란처럼 환하게, 활짝 살라고, 그러라고 전화한 거야."라는 말씀에 모자란 제자는 가슴이 저릿했다. 이게 시가 아니면 무엇이 시랴. "달이 떴다고 전화를 주시다니요 / 이 밤 너무 신나고 근사해요"라 읊었던 김용택 시인처럼 나 역시 신나서 그 화려한 모란을 종이에 그려보며 여운을 간직했던 기억이 있다.

선생님은 꾀꼬리와 버들을 보며 그리움에 젖고(<봄바람 春風>) 가지에서 떨어지는 꽃을 보며 어떤 심사가 있지 않을까 생각해 보기도 한다.(<초여름 날에 初夏卽事>) 푸른 산에 올라 비에 씻긴 꽃과 싱그러운 나무를 보며 나를 기다렸냐며 반가워하고(<잡시 雜詩>) 모래에 핀 꽃이 예뻐해달라고 웃는 얼굴을 보고 대견해하기도 하며(<모래에 핀 꽃 砂上花>) 교정 한 귀퉁이에 쓸쓸하게 자란 대나무에 마음 아파하기도 하는(<교정의 작은 대나무 校庭小竹>) 등 수많은 시에서 자연에 대한 지극한 사랑을 표현하였다. 운산 선생님은

자연과 교감하는 자연 예찬론자이시다.

　선생님께서는 아름다운 자연을 읊을 땐 다정다감하셨지만 천박한 시류를 비판하고 꾸짖을 때는 단호하고 준엄하셔서 수업 시간 때의 선생님을 뵙는 것 같았다. 특히 산문처럼 긴 형식을 취한 <청학동 유람기 遊靑鶴洞記>는 상당히 인상적이다. 이 시는 무릉도원 같을 것이라 기대하고 간 청학동에서 강퍅한 시골 인심과 자본주의에 점령당한 풍속을 겪고는 실망한 내용을 쓴 것인데 유기遊記처럼 곳곳을 보여주며 세태에 대한 비판을 담고 있다. 울타리 잘못 넘었다고 소리소리 지르는 장면도 충격적이지만 도포 입은 엿장수를 보고는 "나도 모르게 놀라서 말문이 막힐 지경(不覺心驚口啞而)"이라며 황당해 하였다. 게다가 산골짜기에 높은 빌딩이 서있고 그곳에는 서당에 등록하려는 사람이 줄을 잇고 있는 낯선 풍경은 서울에서 온 서생을 당혹하게 하였다. 팔 수 있으면 뭐든 갖다 팔겠다는 몰염치함과 학문도 그저 저자거리에서 주고받는 물건에 지나지 않는 것 같아 낯이 뜨거워지는 것 같았을 것이다. "돈의 신은 순박한 풍속을 쉽게도 바꾸었구나(錢神易使淳風失)"라며 순후한 풍속이 자본주의의 힘에 맥을 못추는 것을 목도한 씁쓸함을 전하였다. <가산 고택에서의 감회 可山古宅有感>는 소설가 이효석의 고장을 방문해 들렀던 감회를 담고 있다. 그곳은 이미 저자가 되어버려 엄청나게 변했다고 하면서 유람객은 가득하나 정작 작가의 고택은 황량하고 소설 작품에서 나오는 장면을 재현한 방아와 나귀는 처량하게 보인다고 하였다. 먹고 마시는 일에는 극성이지만 작가를 그리워하고 애도할 사람이 없으니 가벼운 세태에 탄식하며 아쉬움을 드러내었다.

4.

　운산 선생님을 언급할 때 두보를 빼놓을 수는 없다. 선생님은 두보를 깊이 사랑하여 그의 시를 온 마음으로 읽고 연구하는 데서 그치지 않고 그의 시를 완역하는 프로젝트를 오래전부터 진행하여 1999년《두보 초기시 역해》를 펴낸 것을 시작으로 지금까지도 책을 내며 진행 중이시다. 오랜 기간 두보의 시를 읽고 공부하였으니 그의 영향을 받는 것은 당연하다. 그러나 두보의 다른 어느 것보다 형식적 측면에 깊이 경도된 것은 흥미로운 지점이다. 선생님은 평소에 시를 도자기에 비유하여 도자기 만드는 일은 바로 시를 짓는 일과 같다고 하셨다. 도자기 안에 무엇을 담는가 보다는 물레로 그릇을 빚는 것 자체를 언급한 경우가 많은 것으로 보건대, 선생님은 본래 담는 틀이나 형식에 더 깊은 관심을 가지신 것 아닐까 추측해 본다.

청나라 문학자인 심덕잠沈德潛은 두보의 칠언율시가 큰 성과를 거두었던 까닭 중 하나로 '변화로운 격식'을 들었는데, 두보는 율시의 규칙을 엄정하게 준수하는 동시에 종종 파격을 시도하였고 규칙의 준수와 탈주를 절묘하게 결합시켜 조화롭고 균형 잡힌 시를 썼다. 운산 선생님은 이 까다로운 율격을 완벽히 체화해 자유자재로 구사하셨다. 그중 대표적인 것만 간단히 정리해 본다.

먼저 사성체용四聲遞用이다. 사성체용이란 칠언율시에서 제1, 제3, 제5, 제7구의 마지막 글자에 평성平聲, 상성上聲, 거성去聲, 입성入聲을 번갈아 쓰는 것을 이른다. 실제 사용한 다음 시를 보면 이해가 될 것이다.

首春雅會 초봄의 글 모임

屠蘇剩得甕香新(평) 도소주 항아리에 남아 있는 새 술 향기가
自侑詩心遐俗塵(평) 시심詩心을 도와주니 속기가 멀어진다
四韻爭吟言志篤(입) 네 운韻을 다투어 읊으며 도타운 뜻을 말하고
幾盃巡飮抒情親(평) 몇 잔 술 돌려 마시며 친근한 정을 토로한다

262

習風吹使生成再(거) 따뜻한 바람이 불어 만물을 다시 자라나게 하고
蕃衍享由祁雨頻(평) 땅을 적시는 비 자주 내려 초목은 번성하는 은택 누린다
行樂及時能却老(상) 때를 맞추어 즐기면 우리도 늙음을 물리칠 수 있으리니
相邀長作伴春人(평) 서로 함께 모여서 봄을 짝하는 사람으로 오래오래 살아야지

이 시는 초봄 글 모임에서 지은 것으로, 술을 마시고 시를 읊으며 친근한 우정을 나누면서 앞으로도 오래 함께 할 것을 기약한다는 내용이다. 이 시는 상평성 진眞운을 써서 '신新' '진塵' '친親' '빈頻' '인人'이 운자이다. 이는 엄격한 법칙이고 통일이고 질서이다. 운자가 아닌 출구의 마지막 글자 셋은 '독篤(입성)' '재再(거성)' '로老(상성)'로 제1구의 글자까지 합하면 평·상·거·입 사성이 두루 사용되었음을 알 수 있다. 그냥 두어도 될 곳에 사성체용을 함으로써 운과는 다른 변화를 주되 시의 음률미를 완벽하게 구현하겠다는 의지를 보여준 것이다.

대장對仗에서도 통일과 변화의 원칙이 드러난다. 율시에서 대장은 제2, 3연에 쓰는 것이 일반적이고 대칭적, 구조적 아름다움과 풍부한 의미를 제공한다. 그러나 엄격하고 정확한 대를 쓰겠다고 의미나 품사 등에 집착하다 보면 자칫 딱딱해져 지루하거나 의미가 중복되기 쉽기 때문에 운산 선생님은 다양한 대장법을 활용하였다. 위에서 인용한 시에서 제2연은 엄격한 대를 쓰고 있지만 제3연은 착종대錯綜對를 쓰고 있다. 착종대란 일종의 관대寬對로 출구와 대구의 시어의 위치나 품사 등이 딱 맞지 않고 느슨하게 맞는 것을 이른다. 제3연을 더 자세히 보자.

習風/吹使/生成/再 따뜻한 바람이 불어 만물을 다시 자라나게 하고
蕃衍/享由/祁雨/頻 땅을 적시는 비 자주 내려 초목은 번성하는 은택 누린다

밑줄 친 부분은 축자적으로 대가 맞지 않지만 의미상으로는 훈풍과 비가 대를 이루고 있어 느슨한 대를 이룬다. 제2연에서 규칙을 제대로 준수하여서 긴장의 역할을 했다면 이번 연에서는 다소 이완되어 시상이 자연스럽게 전개되는 유연함이 느껴진다. 이외에 <스스로 한탄하다 自嘆>처럼 네 연이 전부 대장인 전대격全對格을 쓰기도 하였고, <스스로 위로하다 自遣>에서는 투춘격偸春格을 썼다. 투춘격이란 제2연에 써야할 대장을 제1연에 쓴 것을 이른다. <제주의 양 교수에게 부치다 寄濟州梁敎授>에서는 전대격을 사용하되 제4연은 조금 느슨하게 써서 고정된 느낌에서 벗어나도록 하는 등 다양한 대장 사용도 눈여겨 볼 부분이다.

세 번째로 언급해야 할 것은 요구拗救이다. '요'란 뒤틀렸다는 뜻으로 정해진 평측법平仄法을 지키지 않았다는 것이고 '구'는 구제한다는 뜻으로 평측에 어긋난 '요'를 다른 데서 보상하여 결국 합률合律하게 만드는 것을 의미한다. 말하자면 정격의 긴장을 깨뜨려 파격이나 변화를 꾀하면서도 전체적인 질서와 조화를 깨뜨리지 않는 수법인데 두보의 장기 중 하나였다. 보통 사람은 정격의 평측법대로 쓰는 것도 어려워 쩔쩔매는데 운산 선생님은 요구를 자유롭게 사용하여 변화를 꾀하면서도 율시의 면모를 완벽하게 갖추도록 하였다. 선생님은 요구를 잘 모르는 독자들을 위해 해설에 사용한 요구를 설명해 두었으니 참고로 삼으면 되겠다.

마지막으로 배율排律을 언급하지 않을 수 없다. 배율은 장편 율시라고 보면 되는데 율시도 규칙이 복잡하지만 배율은 더 많은 제약이 있다. 운을 써야 하는 곳도 많아지고 첫 연과 마지막 연을 제외하고는 연마다 대장對仗을 쓰면서 내용 중복 없이 자연스럽게 시상을 전개해야 하는 등 아마도 한시 중 최고 난이도가 있는 체재일 것이다. <감회를 말하여 갈산에게 보이다 述懷示葛山>는 오언배율이다. 총 24구 120자로 된 이 시는 한 글자도 같은 글자가 없다. 압운자만 아니면 글자 중복은 괜찮음에도 선생님은 그것조차 허락하지 않았고, 중간에 요구도 쓰는 등 선생님만의 고집스러운 예술성을 보여주셨다. 이 시는 선생님의 마음을 잘 알아주는 갈산에게 당신의 인생의 지향을 펼친 것으로 세상의 부귀와 명성을 좇지 않고 삶을 온전히 하며 자유를 구가하겠다는 내용인데 그것을 배율이라는 체재에 담은 것이 특이하다. 현란한 전고와 빈틈없는 대장, 중복되지 않는 글자 등을 종횡무진 자유롭게 구사하였는데, 내용과 형식을 모두 동원하여 높은 자의식과 굽히지 않는 작가적 자존심을 드러내며 결코 세상과 타협하고 싶지 않겠다는 것을 전한 것이 아닐까.

5.

두보는 자신이 지은 시가 독자를 놀라게 하지 못하면 죽어서도 그만두지 않고 계속 쓰겠다 하였는데 나는 운산 선생님의 시에서도 두보 못지않은 열정과 집요함을 읽을 수 있었다. 어쩌면 이 두 사람은 영혼의 단짝일지도 모르겠다. 영국 드라마 <닥터후Doctor Who>에는 실의에 빠진 화가 고흐Gogh를 현대의 오르세미술관에 데려와 자신의 작품을 관람하는 사람을 보게 하고 자신에 대한 평가를 듣게 하는 장면이 있다. 나는 두보를 현대에 데려와 선생님을 만나게 하면 어떨까 하는 상상을 한다. 중증의 시 앓이를 하며 시에 대한 도저한 사랑과 신뢰를 가진 선생님이 두보 시를 그렇게나 열심히 읽어주었다는 것을 안다면 그는 어떤 표정을 짓고 무슨 말을 할까.

선생님은 90수의 시로 을유년 한 해를 그려내었다. 자신을 '시의 종'이라 할 정도로 늘 시에 빠져있는, 어쩔 수 없는 '시 바보'의 자취가 시집에 고스란히 들어 있었다. 나는 그중 구속을 답답해하고 싫어했던 선생님, 자연 경물에 애정을 갖고 있던 선생님, 천박한 시류를 비판했던 선생님을 뵈올 수 있어서 퍽 재미있었고 반가웠다. 또한 선생님의 형식에 대한 몰입을 관찰할 수 있어서 격률이 선생님께 어떤 의미를 갖는지 생각해 보는 기회도 가졌다.

버지니아 울프Virginia Woolf가 운산 선생님을 본다면 분명 심판의 날을 맞은 신의 입을 빌어 이렇게 말할 것이다. "보게나, 이 사람에게는 달리 보상이 필요 없어. 우리가 여기서 줄 수 있는 건 아무것도 없지. 시 짓기를 정말 좋아하는 사람 아닌가."라고. 시에 대한 재능과 열망을 주었는데 달리 무엇이 더 필요하랴.

선생님의 시를 읽으면 그가 일상을 얼마나 사랑하는지, 자유로움을 위해 얼마나 애쓰는지 알 것 같다. 평범한 시간을 시인의 눈으로 어여쁘게 보아 다듬고 또 다듬어 아름다운 구절로 만들어 펼쳐 보이고, 독자는 거기에서 노긋한 힘을 얻는다는 것이 얼마나 대단한 일인가! 그러니 읽는 이를 위해 계속해서 시작詩作에 몰입해 주시길 선생님께 부탁드린다. 당신 스스로 "시와 서를 읽으면서 내 스스로 즐길 일을 찾겠다.(詩書期自樂)"(<감회를 말하여 갈산에게 보이다 述懷示葛山> 중)고 하셨으니, 독자는 선생님의 새 작품을 기다리고 있다는 것을 알아주시길 바란다.